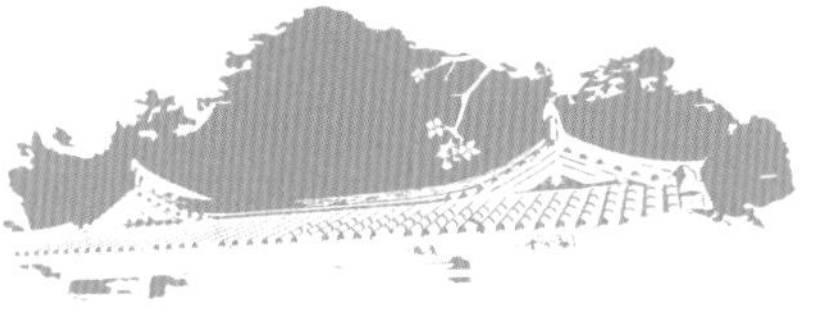

맑은 바람
온 누리 채우다,

구미 야은 길재 종가

기획 경상북도 · 경북대학교 영남문화연구원 | **지은이** 김무진

경북의 종가문화 연구진

연구책임자 정우락(경북대 국어국문학과)

공동연구원 황위주(경북대 한문학과)
이세동(경북대 중어중문학과)

종가선정위원장 황위주(경북대 한문학과)

종가선정위원 이수환(영남대 역사학과)
홍원식(계명대 철학윤리학과)
배영동(안동대 민속학과)
조재모(경북대 건축학과)
이치억(공주대 윤리교육과)

종가연구팀 김소연(영남문화연구원 연구원)
정보선(영남문화연구원 연구원)
류명옥(영남문화연구원 연구원)
이나영(영남문화연구원 연구보조원)

축·간·사

경상북도에서 『**경북의 종가문화**』 **시리즈** 발간사업을 시작한 지 벌써 13년째가 되었습니다. 본 사업은 더 늦기 전에 지역의 종가문화를 기록으로 남겨 후세에 전해야 한다는 절박함에서 비롯되었고, 그간 많은 분들의 노고에 힘입어 어느새 68권의 책자가 발간되는 데 이르렀습니다. 이러한 결실은 우리 지역의 문화자산으로 자리 잡아 가고 있어, 경북 도민의 한 사람으로서 무척 보람되게 생각합니다.

경북은 예로부터 수많은 명현거유名賢巨儒가 배출되었고, 그분들이 이룩한 전통문화가 집적되어 온 중심입니다. 특히 이러한 전통문화의 중심에는 바로 경북의 종가宗家가 있습니다. 종가는 수백 년에 걸쳐 지역 사회의 구심점이자 전통문화의 상징으로 자리 잡아 그 역할을 묵묵히 수행해 왔습니다. 우리 도는 많은 수의 종가가 고유의 문화를 오늘날까지 지켜 오고 있기에, 우리나라 종가문화의 보고寶庫라고 해도 과언이 아닙니다.

하지만 최근 급변하는 사회와 종손·종부의 고령화 등으로 인해 종가문화가 점차 훼손·소멸되고 있는 실정입니다. 이에 경상북도에서는 종가문화를 보존·활용하는 한편, 발전적으로 계승하기 위해 2009년부터 '**종가문화 명품화 사업**'을 추진해 오고 있습니다. 체계적인 학술조사 및 연구를 통해 관련 인프라를 구축하고, 명품 브랜드화하는 등 향후 발전 가능성을 모색하기 위해 다방면으로 노력하고 있습니다.

경북대학교 영남문화연구원을 통해 2010년부터 추진하고 있는 『경북의 종가문화』 시리즈 발간도 이러한 사업의 일환입니다. 도내 종가를 대상으로 현재까지 『경북의 종가문화』 시리즈 68권을 발간하게 되었으며, 결과물은 관계 문중은 물론 일반인들로부터도 큰 호응을 얻고 있습니다. 이들 시리즈는 종가의 입지 조건과 형성 과정, 역사, 종가의 의례 및 생활문화, 건축문화, 종손과 종부의 일상과 가풍의 전승 등을 토대로 하여 일반인들이 쉽고 재미있게 읽을 수 있는 교양서 형태의 책자 및 영상물(DVD)로 제작되었습니다. 철저한 현장조사를 바탕으로 하여 관련 분야 전문가들이 집필함으로써 알차게 내용을 꾸미는 한편, 개별 종가의 특징을 부각시키고자 노력하였습니다.

이러한 노력으로, 금년에는 『**구미 야은 길재 종가**』, 『**안동 백담 구봉령 종가**』, 『**성주 죽헌 최항경 종가**』, 『**경산 동고 서사선 종가**』 등 네 곳의 종가를 대상으로 시리즈 네 권을 발간하게 되었습니다. 이 시리즈의 발간은 계속되어 도내 100개 종가를 목표로 연차적으로 추진해 나갈 계획입니다. 이러한 시도는 종가 관련 자료의 축적을 통해 종가문화 보존 및 활용을 위한 기초자료를 제공함은 물론, 일반인들에게 우리

전통문화의 소중함과 우수성을 알리는 데 크게 도움이 될 것입니다.

최근 유교적 가치와 문화에 대한 재조명이 활발히 이루어지고 있습니다. 그 바탕에는 오늘날까지 전통문화를 올곧이 지켜 온 종문의 숨은 저력이 있었음을 기억하며, 우리 도에 내재한 전통문화를 계승해 나가야 할 것입니다. 이를 통해 경북의 정체성 확립은 물론, 미래지향적인 새로운 정신을 찾아 세계적 정신문화로의 발전으로까지 이어질 수 있을 것이라 확신합니다.

앞으로 경상북도에서는 현재 잊혀 가는 종가문화에 대한 국가 차원의 컨트롤 타워 건립 유치를 위해 힘쓸 것입니다. 아울러 종가문화에 대한 지속적인 조사·연구 추진과 더불어, 종가의 보존관리 및 활용 방안을 모색하는 데 적극 노력해 나갈 것을 약속드립니다. 이를 통해 전통문화를 소중히 지켜 오신 종손·종부님들의 자긍심을 고취시키고, 나아가 전국의 종가를 연계하는 종가문화 네트워크 구축과 더불어 종가문화를 세계적인 명품브랜드로 육성해 나갈 계획입니다.

끝으로 이 사업을 위해 애쓰신 이영호 경북대학교 영남문화연구원장님과 연구 책임자이신 정우락 교수님을 비롯한 연구원 여러분, 그리고 집필자분들의 노고에 진심으로 감사드립니다. 아울러, 각별한 관심을 갖고 적극적으로 협조해 주신 종손·종부님께도 감사의 말씀을 드립니다.

2022년 5월

경상북도지사 이 철 우

지·은·이·의 말

필자는 이 책을 집필하기에 앞서 야은 길재에 관해 익히 알고 있다고 생각했지만 실제로 아는 것이 그리 많지 않았다. 망해 가는 고려조에서 관직을 버리고 귀향한 인물로서, 절의를 상징하는 여러 인물 가운데 한 사람 정도로 이해하고 있었다. 또한 경상도 일대를 다니면서 여러 종가를 찾을 일이 있었지만 길재종가는 기억에 없었다.

길재와 관련된 기록은 길재 자신이 만든 것보다 다른 사람이 서술한 것이 많다. 특히 길재를 노래한 영찬시들은 어느 누구보다도 많으며 그에 관한 글들은 조선 후기로 가면서 반복적으로 정리되어 보급되었다.

필자는 이러한 자료들을 바탕으로 길재의 생각과 삶의 흔적들을 살펴보았다. 길재는 누구보다도 그 자신이 믿고 있는 가치를 온 마음을 다하여 삶 속에서 실천하고자 하였다. 조선 전기에 정리된 그에 대한 평가는 시간이 가면서 변하지 않고 조선 시대 내내 동일하였다. 오히려 조선 후기 그를 기리는 일들이 다양하게 전개되었다. 종가와 문중 사람들은 이러한 길재의 모습을 따라 살아가면서 길재를 현창하는 일에 적극 나서고 힘을 보태었다. 종가의 문화는 조선 시대에 문중 일에 나섰던 이들 종손과 후손들의 움직임을 파악하여 구성하였다.

본서는 다음과 같이 구성되었다.

제1장에서는 길재가 살던 곳과 길재의 후손들이 살던 곳을 살펴보았다. 길씨 문중은 관향인 해평 곧 선산뿐만 아니라 전국 곳곳에 살고 있었다. 길재는 잠시 개경에서 관료생활을 하였으며 금산에 머무르기도 하였지만 주로 선산에서 살았다. 그의 6대손까지는 금산에 살았으나 그 이후 종손도 선산으로 옮겨 왔기에 선산과 인동 그리고 자연환경을 간략히 살펴보았다.

제2장에서는 길재가 뜻을 세워 성리학을 배우고 관료생활을 하였던 것과 귀향하였다가 다시 개경을 찾은 사정을 살펴보았다. 그리고 고향으로 돌아와 후학을 양성한 모습과 그 결과인 그의 제자 약간 명을 소개하였다. 아울러 그의 길을 함께 따라나선 동생 길구의 후학 교육과 여동생의 의례 실천 사례를 검토하였다. 그의 생각은 가족들과 공유되고 있으며 그들과 함께 실천되고 있었다. 아울러 그의 생각에 뜻을 같이한 영찬시를 매우 간략하게 살펴보았다.

제3장에서는 길재의 생각을 들여다보았다. 길재의 뚜렷한 학문적 성과를 볼 수 없으나 그가 가진 생각의 단면이나마 엿보려는 의도였다. 그를 상징하는 개념들은 효, 절의, 의례였다. 그를 절사라고 평가하는 근거를 살펴보고 그가 실천한 의례, 그의 삶에 대한 이해와 자연에 대한 이해 등을 살펴보았다.

길재는 유학자였다. 유학에서 내세우는 것은 인의이다. 그 가운데 인은 가치의 본질이며 중심이고 의는 그 가치의 실현이다. 인은 사람들 각자가 갖추어야 할 수신修身의 문제로서, 어떠한 사람이어야 하는가에 대한 답이다. 의는 사람들의 행위로 나타나는 것이다. 성리학자들이 성리학을 최고의 학문이라고 말할 때에 그 학문의 사회적 열매가 의라고 하는 것이다. 따라서 절의는 유교에서 내세우는 가치를 지키는 것 혹은 실천하는 것을 의미한다. 사람이 마땅히 해야 할 것인 바 사람들 사이의 행위규범이다. 그것은 살아 있는 사람 상호간에 지켜야 할 것이 있고 관계를 맺고 있던 사람들이 죽은 이후에도 지켜야 할 것들이 있다. 우리가 의례라고 부르는 것은 사람들 사이에 지켜야 할 것들의 행동양식이다. 길재의 절의는 여기에서 출발한다.

제4장에서는 세종의 평가와 영남사림의 평가 등을 살펴봄으로써 세상이 길재를 어떻게 평가하고 그의 위상을 어떻게 보고 있는지에 대하여 알아보았다. 또 그의 가장 뛰어난 공이었다고 하는 도학의 전승 문제를 검토하는 한편, 국가가 나서서 시호를 제정하고 견관치제遣官致祭하고 봉사손을 등용하는 구체적인 모습을 살펴보았다. 그리고 후손들의 관직 진출을 검토하였다.

제5장에서는 길재에 관한 기록과 기념물을 검토하였다. 문집의 간행 경과와 족보 편찬 과정, 그리고 그를 기념하는 분묘, 사당, 서원 등을 살피고 지주중류비 등을 검토하였다. 금산의 청풍사 등도 함께 살펴보았다. 이 과정에서 보여 준 종손 및 후손들의 활동을 시야에 넣고 살펴보았다.

제6장에서는 종가, 종법사상 등에 관해 검토하였는데, 그 바탕 위에서 길재종가를 이해하고자 하였다. 불천위 제사의 과정을 기록하였으며 문장을 통한 종손의 모습을 추적하여 그렸다. 또 하나의 종가인 금산종가의 여러 활동들을 소개하여 종가에 대한 이해를 넓히고자 하였다.

길재의 글과 길재를 노래한 시들을 읽으면서 떠오르는 단어는 청풍이었다. 길재의 절의, 사당, 금오산 중 그 어느 것을 노래하건 주제어와 중핵적인 시어는 청풍이었다. 오산서원의 누각이 청풍루였고 금산에는 청풍사와 백세청풍비가 있었다. 오산서원이 없어져 그 빈 자리를 채우려 지은 건물도 청풍재였다.

청풍은 익숙한 용어는 아니지만 길재가 평소 교화의 문제를 다루어 왔기에 전혀 무관한 것은 아니었다. 사람을 자신이 원하는 가치관을 갖도록 하는 교화는 유교의 근본적인 목표 가운데 하나이다. 자신이 변화되는 것뿐만 아니라 가르쳐 변화시켜 세상을 바꾸는 것이 곧 교화이고 풍화이다.

청풍은 단순히 맑은 바람을 말하지 않는다. 바람은 풀들을 바람 부는 방향으로 눕게 한다. 손으로 가리키는 방향을 함께 보고 함께 가는 것이 풍화이다. 청풍은 인의를 갖춘 사람이 되길 원한다. 인욕을 없앤 사람이 가족이나 친족 간에 만드는 가치가 효열이다. 사회나 관료조직 안에서는 청간 혹은 청렴이라 한다.

인의를 끝까지 지키는 것을 절의라 한다. 지향하는 가치로 변화한 자신을 지켜 나가는 것이 절의이다. 절의는 다른 대상과의 관계가 필요하지 않지만 충은 국가 혹은 왕이라는 대상과의 관계가 필요하다는 점이 다르다. 세운 뜻을 마음을 다하여 지킨다는 점에서 충과 절은 한가지이다. 그것은 모두 지금의 내가 가진 인욕을 없애고 나를 극복할 수 있을 때에 가능하다.

청풍은 건듯 부는 것 같지만 온 들을 지나 온 세상에 퍼지는 것이다. 유자는 세상이 자신이 생각하는 가치로 뒤덮이길 바란다. 다시 말해 풍화되고 교화되기를 바란다. 풍화의 내용은 청풍이기를 바라는 것이다. 지역을 넘어서 함께할 수 있는 것 그것은 그 시대의 보편적 가치라고 생각하는 것들이다. 그것이 길재의 바람이었다.

길재종가의 문화에 대한 이해를 넓히려면 종택과 종손을 검토 대상으로 삼아야 되는데, 그렇게 하지 못하여 못내 아쉽다는 것을 먼저 고백한다. 그러하기에 종손을 포함하여 광범위하게 후손들의 동향을 추적하였으며 그들의 활동을 살펴보아 이해를 넓히려 하였다. 또한 구미뿐만 아니라 금산과 영변 그리고 장흥 등을 시야에 넣고 검토하였다.

후손들이 살고 있는 지역에서 끊임없이 학자가 이어지기는 하였으나 문집을 낸 인물이 드물고, 조선 후기에 문과보다는 무과 출신이 대거 배출된 것을 보면서 집안에서 길문의 학문적 계승을 찾는 것이 쉽지 않겠다고 생각하였다. 그럼에도 불구하고 각 지역에서 그들이 지향하는 삶이 길재가 가리킨 방향과 일치하고 있음을 볼 수 있었다.

국가는 길재를 추숭하면서 봉사손을 등용하고 간헐적이나마 견관치제하는 모습을 보였고 영남사림은 자신들 학문의 필수적 전수자로 길재의 자리를 매긴 것을 보면서 길재종가는 길문의 것만이 아니라고 생각되었다. 물론 종가에 대한 시선은 영남만의 것은 아니고 조선 전 학인들의 공통적인 관심이었다. 길재종가는 길재의 위치가 조선 사회에서 절의의 상징성을 가지면서 사회적 의미를 가진 종가로 존재하였다. 문중만이 길재종가를 유지한 것이 아니라 구미 및 영남 나아가서는 조선 사회가 보듬어 왔던 것이다.

우리에게 야은의 이야기는 어떤 의미로 다가올까? 요즈음 세상에 절의를 말하기도 구차스럽고, 자신의 뜻을 지켜 깨끗하게 살지도 못하면서, 그러한 것들에 대해 부끄러움도 모르는 우리에게 길재는 어떤 사람으로 생각될까? 쉽지 않은 세상살이와 어려운 살림에도 길재를 붙들고 살려 했던 종손들은 우리에게 무엇인가?

대나무도 금오산 자락에서 나기를 바란다는 그곳, 길재의 유허가 있는 곳에, 지금도 댓잎 위로 맑은 바람 불어온다. 찬물에 손 담가 마음 서늘하나 흔들리는 댓잎이 눈에서 흐려져 간다!

한마디 더

이 글은 길재에 관한 이야기로 가득 찼지만 길재에 관한 연구서는 아니다. 길재종가의 문화를 복원하는 글이다. 문헌 기록들을 통하여 전근대 시기까지의 종손들의 자취는 살펴볼 수 있었으나 정작 지금의 종손은 만날 수가 없었다. 이끼 낀 기와가 덮여 있는 종택은 상상 속에서만 존재할 뿐이었다. 그나마 금산의 사당 옆에 자리 잡은 도유사의 불여헌을 찾았을 때에 종가의 남은 면모를 볼 수 있었다. 구미의 길화수 문장과 금산의 길왕근 도유사에게서 종손의 유풍을 느낄 수 있어 다행이었다.

2022년 5월

성천재誠泉齋에서 김 무 진 쓰다

구미 야은 길재 종가

목 차

제 1 장

금오산 아래 맑은 바람 부는 곳에 머물다

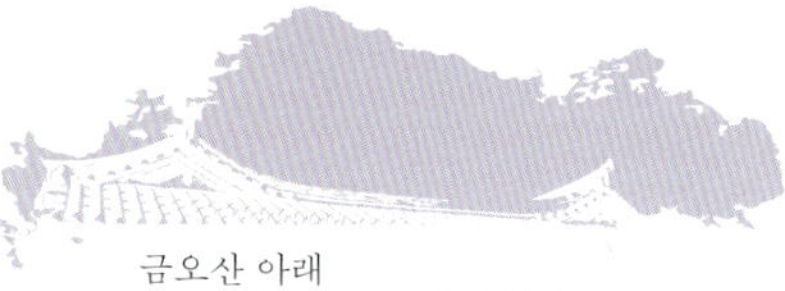

1 여러 곳을 한곳같이 일구다

길씨 문중의 시조 길당吉瑭은 당나라에서 온 8학사 중 한 사람이었다. 그는 고려 문종 때에 정당문학의 벼슬을 하였으며 해평백海平伯으로 봉해졌고, 해평의 금삼동에 처음 살기 시작했다고 한다.

그런데 길당 이후의 전승 기록이 없을 뿐 아니라, 보첩마저 병란 등으로 소실되어 여러 사실을 알 수 없기에, 족보에서는 성균생원이었던 길시우吉時遇를 1세로 세계를 시작하였다. 보甫(2세)는 산원동정散員同正이었으며 길재의 부친인 원진元進(3세)은 잘 알려진 것처럼 보성대판寶城大判, 지금주사知錦州事를 지냈다. 모친은 토산兔山김씨로 판도판서版圖判書를 지낸 희적希迪의 딸이었다. 길재는 4세이며 길재 문중[길문吉門]의 중조가 되었다.

1) 길재가 살던 곳, 구미

그는 구미 봉계리에서 태어났다. 지금의 경상북도 구미시 고아읍 봉한리 522번지이다. 그의 외가는 냉산冷山 도리사桃李寺 인근, 곧 지금의 해평면에 있는 태조산太祖山과 가까운 곳이다. 그의 부친이 임지인 보성으로 가면서 그는 한때 외가에서 살았다. 고려 말 이 시기에는 결혼하여 처가에 사는 것이 일반적이었기에, 외가에 사는 것이 그리 낯선 일은 아니었을 것이다.

그는 1383년 지금주사知錦州事인 부친을 뵈러 갔다가 아주신씨鵝州申氏 중랑장中郎將 신면申勉의 딸과 결혼하여 잠시 금산에 살았다. 『동악선생집東岳先生集』의 「금계록錦溪錄」에는 그곳이 군의 동쪽 7리쯤에 있는 악곡樂谷이라고 기록되어 있다. 그 이듬해 길재는 부친상을 당하여 시묘살이 3년을 마치고 개경으로 돌아가 살았다. 이후 개경에서 4년 남짓 관료생활을 했다.

그는 1390년 봄에 가족과 함께 선산으로 내려와 살았다. 이때에 길재는 잠시 대혈사에 머물며 살았다. 금오산 중턱에 큰 동굴이 있는데 대혈사는 그 골짜기 아래에 있던 절이다. 『일선지一善誌』에 의하면 길재는 그 절의 남루南樓였던 함벽루涵碧樓에 거주하였다. 여헌 장현광이 유서幽棲라 불렀던 곳이다. 뒤에 오동리로 그를 찾아온 이양李揚 역시 길재가 사는 곳을 유거幽居라 하였다. 유서나 유거라는 말이 조용히 숨어 산다는 의미도 있겠으나 관직에서 물러나 스스로를 세상과 떨어뜨려 가두고 있다는 느낌을 지울 수 없다.

전하는 말에 따르면 길재는 금산에서 대나무를 가지고 와서 이곳에 심었는데, 사람들이 그것을 야은죽冶隱竹이라고 하며 베지 못하도록 하였다. 길재가 노래한 대나무는 이 대나무일 것이라고 말한다. “댓빛은 봄가을 절의를 굳게 하고, 흐르는 물은 밤낮으로 탐욕을 씻어 주네. 마음은 맑고도 고요해 티끌 하나 없네. 이 길을 따름이 세상 단맛을 아는 것이네.”라고 하였다.

대혈사는 임진왜란 때 불타 버렸다가 그 뒤 다시 세웠졌으나 영조 이전에 다시 폐허화되었다. 근래에 와서 옛터 위에 해운사海雲寺라는 이름으로 또다시 절을 세웠다.

금오산 자락 바로 아래에 처음 찾아온 관리는 선산의 수령 지선주군사知善州郡事 정이오鄭以吾였다. 그는 1394년(태조 3)에 오동리梧桐里의 묵정밭을 주어 비용으로 쓰게 하였다. 집안에서는 길재가 그곳으로 거주지를 옮긴 것으로 알고 있다. 이 오동리는

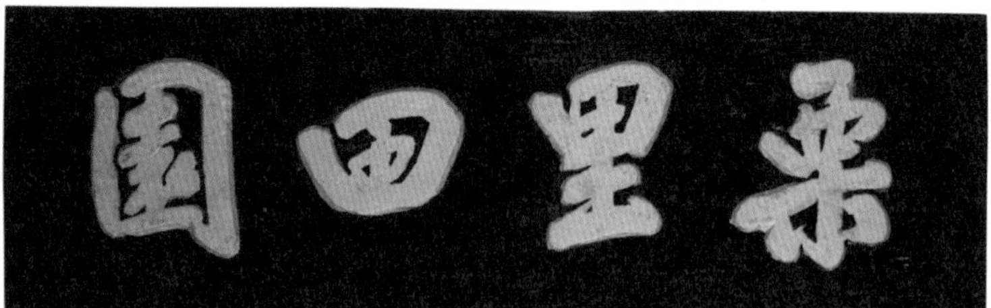

율리전원 현판

도선굴에서 바라본 구미

한말 일제 초에 행정을 개편하면서 다른 마을들과 함께 선산의 터라는 의미로 이름 지은 선기동善基洞이 되었다.

1403년(태종 3)에는 선산의 수령 이양李揚이 길재가 사는 곳을 찾아와 율곡이라고도 부르는 율리전원으로 옮겨 주었다. 율리전원은 지금의 도량동이다. 남재南在는 이곳에 길재 집안의 가묘를 세워 주었다. 이곳이 종택이 있었던 곳일 것이다.

조선 초에 그가 살았던 곳을 선산의 구미리라고 하였는데 구미 마을 앞의 구미들은 그다지 비옥한 땅이 아니었다. 토질이 척박하여 오직 목면이나 기장과 조를 심기에 적당한 토지였다.

도선굴에서 바라본 대혈사 골짜기

1414년(태종 14)에 부친의 분묘가 훼손될까 염려하여 금산에서 여막을 짓고 지내던 때를 제외하고는 1419년 4월 12일 67세를 일기로 세상을 떠나기 전까지 이곳에서 살았다.

길재의 묘소는 인동현에서 서쪽으로 14리 떨어져 있는 오태산에 있다. 그러나 종손들은 각자가 살던 구미 율리나 인동 혹은 금산에 묘소를 썼다. 금산에 있던 종선(10세)이 선산에 와서 제향하기 이전까지 길재의 직계 후손들은 금산에 살았다. 그들의 묘소는 당연히 금산에 두었다. 길재의 아들 5세 사순부터 9세 근까지는 금산의 부리면 예미리 고동에 모셨다. 율리 제사에 제향한

길재 묘소 전경

종선은 율리에 모셨으나 그 아들 11세 관은 고동에 모셨다. 12세는 율리, 13세는 오동, 14세는 오동, 15세는 고동, 16세는 오태, 17세는 율리, 18세는 금산 제원면의 저곡촌, 19세는 해평, 20세는 율리, 21세는 금산 부리, 22세는 부인을 금산에 모셨다.

위와 같은 것을 보면 종가에서는 율리에만 묘소를 쓴 것이 아니라 간헐적으로 금산에 묘소를 두었다. 관향을 해평으로 하는 길문의 종가가 선영으로 사용한 곳은 구미와 금산이었다. 구미의 길문 종가에서는 율리, 오동 등 곳곳에 묘소를 분산시켜 운영하였다.

2) 온 나라에 한곳같이 살다

족보의 「세계분파도」에 의하면 길재의 손자인 인종仁種(6세)은 대수大樹, 대연大淵, 대성大成, 대해大海, 대산大山, 대동大同, 대업大業, 열동悅同, 범이範伊, 동구지同求之, 주지注之를 낳았다. 둘째인 대연은 길재의 아우인 구久의 손자 수壽의 아들로 입계하였다. 그로 보면 이후 모든 자손이 길재의 후손인 셈이다. 다시 대연의 아들 정지挺之는 대수의 아들로 입계하였다. 대연은 그 자신이 금삼동의 파조로, 길구의 세계를 잇고 있을 뿐만 아니라 그 아들이 다시 종계를 잇는 것이다.

이들 형제는 선산 및 금산 그리고 영변과 맹산, 영암과 장흥 등지에 세거하게 되었다. 이들은 대체로 3·4대 내려가면 사는 곳에서 분파를 이루어 입향조가 되고, 다시 3·4대가 내려가면 또 다른 분파를 구성하였다. 선산에 거주하는 길재 후손들은 다른 분파가 지역명을 사용하듯이 율리와 금삼이라는 지역명을 사용하지만, 종가는 특별하게 율리종파栗里宗派라 불렀다. 율리종파는 사실상 종선宗先으로부터 이어지는 길재의 직계인 종계이다. 선산과 금산의 종중이라는 의미로 선종善宗과 금종錦宗이라 부른 것은 그리 오래된 일은 아닌 듯싶다.

종법에서의 별자別子나 일반 친족 구성에서 지손으로 부르는 이들 가운데 파시조가 되는 것은 학문이나 관직이 높은 사람이 등장할 때이다. 그들을 현조顯祖라 부르면서 지파를 구성한다. 그러나 길문의 중시조의 경우 그러한 경력은 드물고 별칭은 대체로 지역명을 따르는 것이 특징이다.

금오산 아래
맑은 바람 부는 곳에 머물다

2 율리전원에서 삶을 펼치다

조선의 대표적인 지리지 『동국여지승람』에는, "길재는 구미리에 살았다."라고 기술되어 있다. 조선 시대에 구미리는 선산의 행정지명이었기에 길재는 선산의 구미 사람이다. 조선 시대에 그는 선산 사람으로 알려져 있었다. 그런데 그의 묘소와 오산서원은 인동에 있었다. 지금 길재와 관련되는 지역들은 관향인 해평을 포함하여 모든 곳이 구미에 있다. 구미시의 선산읍, 고아읍, 해평면이 이에 해당된다.

길재는 주로 살던 선산의 구미 안에서 거처를 몇 차례 옮겼다. 결혼을 전후한 시기, 친상을 당한 시기 그리고 부친의 묘소를 지키던 시기에는 처가가 있던 금산에서 거주하였다. 금산에는 여러 대에 걸쳐 종손들이 살았으며 많은 후손들이 세거하였다. 금산은 지금은 충청남도지만 조선 시대에는 전라도에 속하였다.

1) 조선 시대의 구미와 인동

(1) 길재가 살던 구미의 율곡리와 오동리

선산은 해평을 속현으로 거느리고 있는 큰 고을이었다. 해평은 고려조 1143년(인종 21)에 선산부 소속이 되었다. 조선 시대의 속현은 점차 면 단위로 파악되었다. 따라서 조선 시대에는 과거 합격자 명단인 방목 등에 본관과 거주지를 적어야 할 때에 관향을 해평이라 쓰면서도 거주지는 선산이라 하였다. 길재의 동생인 길구의 후손들이 사는 해평 금삼동은 한말 일제 초기 어운동於雲洞과 합하여 금산동金山洞이 되었다.

조선 시대에 구미는 선산부의 방坊이었다. 선산은 읍 단위 아래의 행정편제 명칭인 면리面里라는 용어 대신 방리坊里를 사용하였다. 방은 면리제의 면에 해당된다. 율곡리와 오동리는 선산부 상구미방 소속이었다. 현재는 구미시에 속한다.

구미의 표기는 다양하였다. 조선 후기에 구미는 상구미방과 하구미방 혹은 상고미방과 하고미방으로 나누어지기도 하였다. 지금 사용하는 한자 표기는 조선 후기 사용하던 것이다.

『세종실록지리지』(1454): 구미역仇彌驛

『동국여지승람』(1530): 구미역仇於驛, 구미仇於

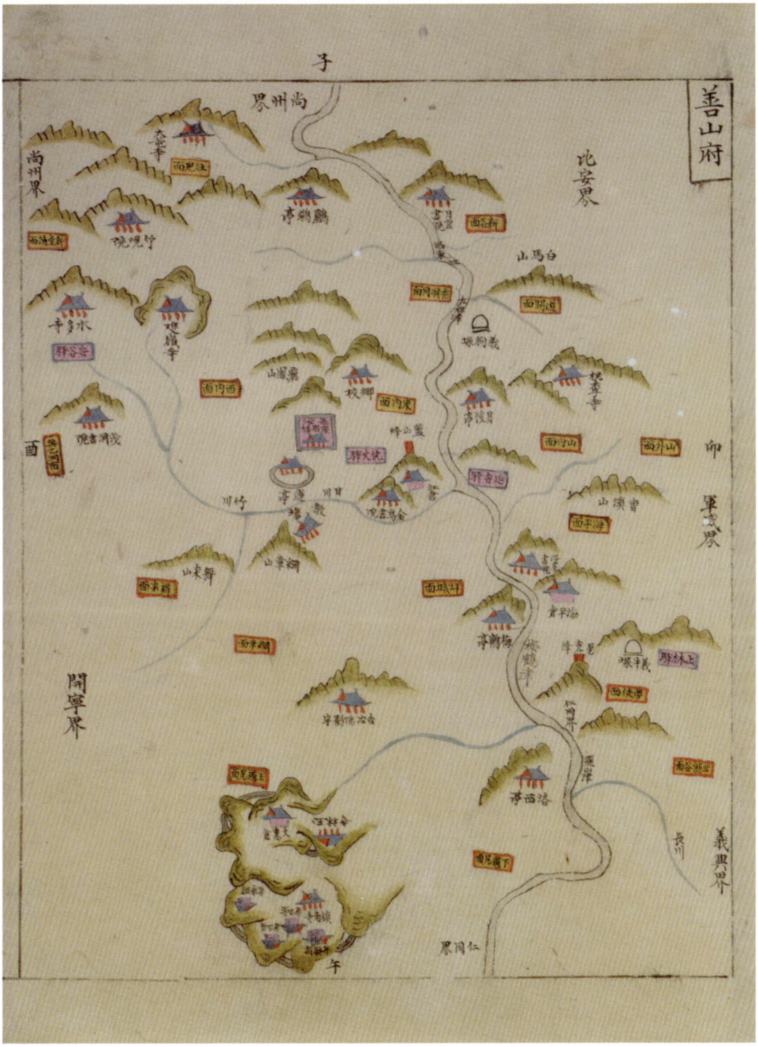

18세기 중엽『광여도』선산부(서울대학교 규장각 한국학연구원 제공)

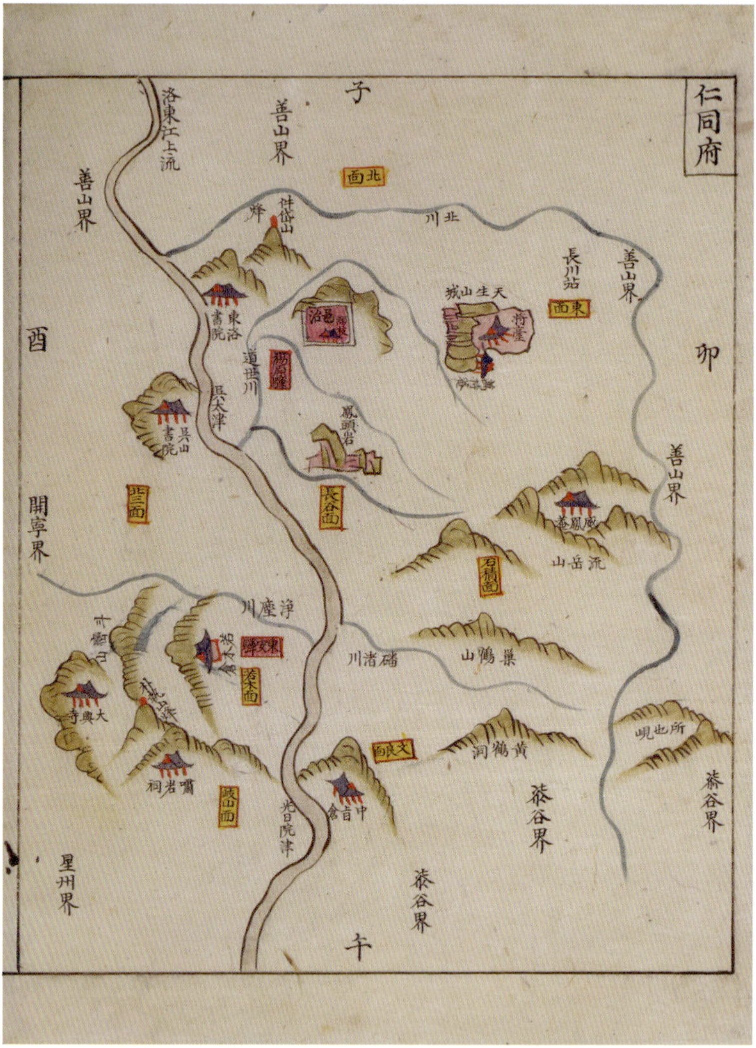

18세기 중엽 『광여도』 인동부(서울대학교 규장각 한국학연구원 제공)

『일선지』(1613): 구미仇彌
『선산부읍지』(1832): 상구미방上龜尾坊, 하구미방下龜尾坊
『대동여지도』(1861): 구미龜尾
고종 행정편제: 상고미방上古尾坊, 하고미방下古尾坊
1917년 행정편제: 구미면龜尾面

(2) 길재를 기억하는 곳, 인동

이의현李宜顯(1669-1745)은 1712년 3월 경상감사에서 물러나면서 영남의 70고을에 대해 7언시를 지었다. 인동을 노래한 서른한 번째 시에 등장하는 지명과 인물은 칠진을 뜻하는 칠수, 금오산, 인동의 옛 이름 수동壽同, 지주중류비 그리고 길재였다.

인동 북삼면의 오태동은 길재의 묘소, 서원 그리고 지주중류비가 있는 곳이다. 북삼면은 한말 일제 초기 행정 개편에서 칠곡군 북삼면이 되었고 현재는 일부 지역 편성이 조정되어 오태동 등을 제외한 지역이 칠곡군 북삼읍이 되었다.

인동은 고려 때에는 성주 소속이었으나 조선조에 들어와서 현감이 다스리는 현이 되었다. 인동은 조선 전기에는 현감이, 조선 후기에는 부사가 재직하는 독립된 고을이었다. 임란 직후 지역 방어와 관련하여 1604년(선조 37) 천생산성天生山城을 쌓으면서 인동은 부로 승격되었고 속현 등의 이속이 전개되었다. 이때 해평현은 잠시 소속을 인동으로 하였다가 다시 선산으로 이속하였다. 따라서 인동현감이라는 명칭은 1604년 이후 인동부사로 바뀌었다. 1895년 지방제도 개편에 따라 인동부가 인동군으로 바뀌었으며, 이듬해 경상도가 남도와 북도로 분리되면서 인동군은 경상북도 소속이 되었다. 현재 종전의 읍치지역은 구미시 인동동이 되었고 강 건너 서편은 오태동 등이 되었다.

2) 길재가 몸을 맡긴 자연

(1) 낙동강

금오산 자락 아래에서부터 낙동강 가에 이르는 곳이 사람들의 삶의 터전이 되었다. 봉계동과 율곡은 감천을 사이에 두고 선산 읍치의 건너편에 위치했다. 해평은 선산에서 보면 강 건너 지역이었다. 인동은 낙동강을 사이에 두고 양편으로 형성되었다. 낙동강 동편에 인동부의 읍치가 있었고, 9면 가운데 북삼면, 약목면, 기산면이 강 건너 서편에 있었다.

김종직의 시 「십절十絶」은 보천탄 위에 소금을 실은 장삿배들이 모여든 모습을 그리고 있다. 강은 물화를 유통시켰으며 동시에 문화를 공유하게 하였다. 많은 사람들이 상류로부터 하류까지 오갔다. 위로는 안동과 상주, 아래로는 성주와 대구에 가깝게 다가갈 수 있도록 만든 물길이었다.

선산으로부터 인동을 지나기까지 많은 나루가 있어서 강의 양안 지역을 연결시켜 주었다. 때로는 다른 이름으로 불렸고, 혹 몇 곳은 없어지기도 하였다.

여차리진餘次里津(여차리진余次里津, 여차니진余次尼津, 월파진月波津)

태조진太祖津

도연진陶淵津(금폐今廢, 도부진陶夫津, 도진陶津)

송학진松鶴津(강창진江倉津)

매학진梅鶴津

비산진緋山津(비산진飛山津)

양촌진楊村津

동락진東洛津(오태진吳太津, 칠진漆津)

양수진羊藪津

마한진馬韓津

왜관진倭館津(광일원진光日院津)

(2) 금오산

선산도호부에서 남으로 40여 리에 있는 금오산은 고려 때에 해주의 북숭산과 짝을 이루어 남숭산南嵩山으로 불리었다. 인동현에서는 약목 북쪽 10리 지점이다. 마치 해주에 백이·숙제의 사당인 청성묘가 있듯이 구미에는 야은사가 있었다. 길재가 금오산에 숨어 산 이후 금오산은 세상의 수양산이 되었다. 금오산은 곧 수양산이자 길재였다. 엄광嚴光(자는 자릉子陵)의 부춘산富春山과 길재의 금오산은 비교 대상이었다. 숱한 사람들이 금오산을 노래하였다.

낙동강과 금오산은 구미를 찾는 사람들의 눈에서 벗어날 수 없었다. 강혼姜渾(1464-1519)은 인동 객사 옆 망호헌望湖軒에서 강 건너를 바라보면서,

낙동강에서 바라본 금오산

> 난간에 기대어 바라다보면 그 서쪽으로는 긴 강물이 멀리 흐르는데, 평평한 언덕과 모래사장이 푸른 풀과 얽혀 있는 것은 칠진漆津이요, 푸른 모습 뾰족한 봉우리에 아침 구름, 저녁 안개가 조석으로 모양이 변해서 측량할 수 없는 것은 금오산이니, 이 금오산은 곧 충신 길재가 옛날에 숨어 있던 곳이다.

라고 하였다.

낙동강 동편의 인동현 읍치에서 흐르는 낙동강과 그 아래의 칠진 그리고 금오산을 한눈에 보고 지은 것이다. 칠진에서 조금 더 가면 길재 묘가 있음을 알고 있었을 것이다.

퇴계退溪 이황李滉은 낙동강을 따라 내려와 이곳에서 금오산과 그 아래 길재가 살던 곳을 바라보았다. 퇴계가 봉계 마을을 떠올리고 1533년(중종 28)에 세워진 정려비를 생각하면서 마음에 담은 것은, 높은 자리를 탐하지 않고 절의를 지키며 숨어 산 길재였다. 권력을 마다하고 몸을 숨겨 낚시하고 있는 동한의 엄자릉의 모습은 봉계리와 정려비 그리고 금오산과 겹쳐 있다. 후한인 동한東漢은 절묘하게 동쪽의 우리나라 동한東韓으로 바뀌어 있다.

길 선생의 정려를 지나며[過吉先生閭]

아침에 길 떠나 낙수를 지나니	朝行過洛水
낙수는 어찌 그리도 길고 긴가	洛水何漫漫
낮에 쉬면서 오산을 바라보니	午憩望鰲山
오산은 구불구불 울창하구나	鰲山鬱盤盤
맑게 흐르는 물, 두터운 땅 뚫었고	清流徹厚坤
깎아지른 절벽은 높이 솟았네	峭壁凌高寒
봉계라는 마을이 하나 있어	有村名鳳溪
산과 물 그 사이에 있네	乃在山水間
선생이 그 가운데 숨어 사니	先生晦其中
정려하는 조정 명 내리네	表閭朝命頒
대의는 흔들리지 않으니	大義不可撓
어찌 속세를 핑계하리	豈曰辭塵寰
오래된 조대의 바람이여	千載釣臺風
또다시 동한을 흔드네	再使激東韓
붙들 수 없도다	扶持已無及

심고 세워 길이 굳히네	植立永堅完
장부는 큰 절개를 귀히 여기니	丈夫貴大節
평생 그 마음을 아는 이 드물었네	平生知者難
아아 그대 세상 사람들이여	嗟爾世上人
부디 높은 벼슬 좋아하지 말게나	愼勿愛高官

제2장

인의의 가치를 배우고 실천하다

1 뜻을 세워 가치를 배우다

1) 개경에서 배우고 관료로 살다

길재의 호가 야은冶隱인 것은 널리 알려져 있다. 그 밖에도 그는 길주서吉注書, 길문하吉門下, 길선생[吉子], 금오노인[金烏老, 金烏叟], 야은노인[冶老, 冶翁]이라 불렸다. 이 모두는 그가 구미에 물러나서 살았던 이후의 이름이다.

길재는 1362년 10세 때 외가 인근의 도리사에서 글을 배웠으며 1368년 16세에는 절구 「술지述志」를 지었다. 그는 1370년 당시 상주사록이었던 박분朴賁을 찾아가 배웠다. 『논어』·『맹자』 등을 읽고 성리학을 처음 접하였다. 그 이후 개경으로 가서 이색李穡·정몽주鄭夢周 등의 문하에 출입하며 공부하였다. 그리고 권근權近

형제에게 배웠다.

그가 처음에 박분에게서 배우고 개경에서 배웠다는 성리학은 무엇인가? 미수眉叟 허목許穆은 길재가 권근으로부터 오경을 전수받았다고 기록하였다. 경학에 대한 학습은 이 시기 학계의 대체적인 흐름으로 보아 경서에 대한 새로운 이해 곧 정주학에 접근하는 것을 의미한다고 생각한다. 길재가 정몽주로부터 내려오는 성리학의 전승자라고 하지만 길재는 정몽주와 이색 등에게 두루 배웠던 것으로 보인다. 이색의 문하는 길재를 문생이라고 표현하였다.

다른 뜻에서 좁혀 말하자면 길재는 권근의 제자라고 볼 수 있다. 권근이 1409년(태종 9) 사망하자 길재는 심상 3년을 행하였다. 1417년(태종 17) 65세 봄에 박분이 사망하자 역시 심상 3년을 행하였다. 그가 심상을 입은 스승은 박분과 권근이었다.

그는 개경에서 1374년(공민왕 24) 국자감國子監에 들어가서 생원시에 합격하여 관직에 진출할 발판을 마련하였다. 1383년(우왕 9)에는 사마감시에 합격하였으며 1386년(우왕 12)에는 진사시에 합격하였다. 청주목 사록에 제수되었으나 부임하지 않았다. 사록은 수령을 보좌하는 정7품의 외관직이었다.

그는 1387년(우왕 13) 성균학정成均學正이 되고 그 이듬해에는 순유박사諄諭博士를 거쳐 성균박사成均博士가 되었다. 1389년(창왕 1)에는 종사랑문하주서從事郎門下注書가 되었다. 길재는 자신을 행춘추관주서行春秋館注書라 쓰고 있다. 엄청난 권력을 뜻하는 문하부

보다는 춘추관의 주서임을 내세우고 싶었는지 모르겠다. 그런데 그가 정리하여 편찬한 것을 이색이 편수하려 하였다는 것을 보면, 길재는 실제로 역사서 편찬에 종사하였던 것으로 보인다.

(1) 길재의 개경 집

개성의 남쪽에 있기에 남산이라고도 부르는 용수산龍峀山 동쪽에 길재의 집이 있었다. 짧은 담장과 미나리밭 가에 버드나무가 늘어진 풍경이 눈에 들어오는 성균관 가까운 곳이었다. 보통 관리들은 서울 집[京第]을 두고 있었다. 조선 전기의 지리지 어디에도 등장하지 않던 이 집은 조선 후기에 길재가 전국적으로 이름을 알리고 있을 때에 길재제吉再第로 소개되었다. 그는 이곳에 살면서 여러 선생님을 찾아뵙고 성리학이라는 새로운 공부를 하고 가까운 곳에 있던 성균관에 출입하면서 동료들과 이야기를 나누고 후학을 가르쳤다. 뒷날 세자가 된 이방원과 함께 살던 마을이고 함께 공부하던 성균관이었지만 길재 스스로의 고백대로, "몸은 비록 여러 사람 속에 섞여 살지만 스스로를 맡길 특별한 사람도 없는 터"였다. 이때에 이미 길재는 백이·숙제와 같은 삶을 살겠다는 뜻을 가슴에 품고 있었다.

길재가 개경에서 살던 모습은 성균관에서 젊은 사람들을 가르치는 여유로운 삶으로만 그려지지 않는다. 성균관에는 출세를 바라는 인물들로 가득 차 있고 그 스스로도 그 속에 머물렀지만 누구를 따르는 것도 아니었다. 권력에 휘둘리지 않는 삶을 늘 마음에 두고 있었다. 요동 정벌이 전개되고 정치권력을 둘러싼 갈등이 점점 깊어지고 있던 현실이었다. 성균관에서 주변의 경관을 바라보고 마음이 가는 곳은 자신의 출세를 담보할 수 있는 높은 자리의 특별한 인물이 아니라 백이·숙제가 주려 죽은 수양산이었다.

(2) 떠날 수밖에 없는 개경

이성계 세력은 1388년 5월 22일 위화도 회군 후 정권을 장악하였다. 정권 교체기에 여러 인물들이 갖가지 이유로 관직에서 쫓겨나고 심지어는 처형되었다. 6월 우왕이 폐위되고 9살 나이의 창왕이 옹립되었다. 같은 해 12월 최영이 개경에서 참형되었다. 한편으로는 전제 개혁이나 관제 제도 개혁이 진행되면서 조정에 몸담고 있는 인물들은 격론에 휩싸이고 처신하기 쉽지 않았다.

1389년은 말 그대로 격동의 해였다. 조준 등이 사전私田 정리를 주장하면서 그를 반대하는 이색 등과 전제 개혁 논쟁이 격화되고 있었다. 길재와 관련 있는 인물들도 각각 다른 어려움에 처해 있었다. 그 당시 정몽주는 공양왕을 세우는 데 이성계와 뜻을 같이하고 있었다. 이색은 우왕이 쫓겨난 뒤 조민수 등과 창왕을 세우는 데 힘을 쏟았다. 11월에 잠시 조정에 나오기는 하였지만 이내 장단의 별업으로 돌아가 지냈다. 권근은 여러 차례 유배되었다가 자리에 돌아오곤 하였다. 12월에는 우왕과 창왕이 처형되었다. 우왕과 창왕의 지지자로 지목된 이색은 두 왕의 처형을 즈음한 시기부터 1390년 봄까지 내내 탄핵에 시달렸다.

(3) 고향 가는 길

길재는 1389년 8월 추석에 고향인 선산으로 내려갈 생각이었다. 그럭저럭 지내고 있었으나 일의 형편이 썩 좋지 않아 개경에서 지내기 불편하다고 생각할 수 있는 것은 그 앞선 해도 그러했지만 1389년에는 특히 견디기 힘들었을 것이다. 가장 어려운 것은 정치적 환경의 급변이었을 것이다. 자신과 연관된 인물들이 격랑에 휩싸여 어려운 처지에 놓이는 것을 목도하고 있었다.

길재가 누군가에게 보낸 편지는 혹 그의 처삼촌 신우申祐에게 답한 것이 아닌가 짐작된다. 길재가 고향으로 내려갈 때에 그의 처삼촌 신우 역시 의성으로 향하였다. 정몽주에게 배운 신우는 조카사위인 길재와 같은 시기에 함께 영남으로 내려와 각각 선산과 의성에서 살았다.

길재는 1390년 봄, 가족과 함께 집으로 돌아가던 도중 목은牧隱 이색李穡이 머무는 곳에 찾아가 하룻밤을 묵는다. 이색의 문인들은 길재를 문생이라 불렀다. 이때는 이색이 4월에 유배되기 전이다. 그리고 북으로 가는 기러기가 무리에서 떨어져 혼자 날아가는 시기인 겨울의 끝, 봄이 막 시작되기 직전이었다. 『동사강목』에는 3월의 일로 기록되어 있다. 이색으로서는 길재를 만류할 생각이 없었다. "나는 대신이니 국가와 더불어 기쁨과 슬픔을 같이 할 것이지만 그대 같은 사람은 마땅히 가야 한다."라고 하였다. 이색은 이미 1389년 12월에 파직, 유배당하고 1390년 2월 1일 삭탈 조처가 있었던 터였다.

그의 「행장」이나 그 밖의 길재에 관한 조선 후기 기록에 따르면, 길재가 선산으로 내려와 있을 때에 여흥驪興의 부고를 듣고 방상方喪을 입었다고 하였다. 방상이란 마치 부모의 상사처럼 상을 치르는 것이다. 사실 우왕은 길재가 개경에 있을 때인 1389년 12월에 강릉에서 처형당하였다. 12월 29일에는 우왕과 창왕을 처형하였다는 것을 태조 영전에 고하는 절차를 마쳤다. 우왕은 강릉으로 옮겨 가기 전 여흥에 있어서 속칭 여흥왕이라 불렀던 터였기에, 통상 기록에는 우왕을 직접 거론하지 않고 여흥이라 하였다. 「행장」의 1391년 기록은 방상을 시작할 때가 아니라 마치는 상황을 기록한 것이다.

(4) 고향에서 고려를 생각하다

길재는 비록 몸은 고향에 돌아와 있었지만 망한 고려조의 여러 관인들을 마음에 두고 가슴을 치고 있었다. 박의중이나 두문동으로 들어간 박익의 시에 차운한 것들을 보면 잊을 수 없는 일들이었다.

박의중은 두문동 72현도 아니었다. 「차박정재의중운次朴貞齋宜中韻」 첫 구절이 '조별부조현朝別不朝峴'이다. 부조현은 개경의 경덕궁 앞에 있는 고개이다. 태조가 개성에서 고려의 인재를 등용하기 위해 과거를 베풀었을 때에 많은 사람들이 이 고개에 관을 걸어 놓고 고개를 넘어 두문동으로 들어가 은거하였다는 데서 이름붙인 것이라 한다.

첫 구절 '조별부조현'을 '아침에 부조현에서 이별하자니'라고 풀기도 한다. 사실 그 안에 여러 뜻을 감추고 있는 대단히 절묘한 어휘의 선택이다. '아침 조朝' 자는 조정 곧 중앙 관직을 의미한다. '관직에 나아가는 것과 나아가지 않는 것이 갈리는 고개에서'라는 의미를 내포한다. 다른 의미로 새기자면 나라와 나라 같지 않은 나라가 갈리는 고개이다. 거듭하여 속뜻을 살피게 하는 표현이다. 그대들이여 어느 곳으로 가는가? 충렬의 선비는 결국 죽고 사는 갈림길에서 드러나는 것이다. 가슴이 서늘해지는 대목이다.

또한 박익은 박의중의 다른 시를 차운하여 자신의 속마음을 털어놓았다. 물과 산으로 표현되는 것은 자연이고 천지인데 그 온 누리가 목메고 슬퍼하는 일이 전개된 것이다. 원통하고 피눈물 나는 세상, 몸도 다되고 마음도 다되어 넋을 잃게 되는 세상에서 아직은 제 욕심을 채우려는 사람들을 바라본다. 사실 영화와 욕은 각각의 마음에 달린 것이다. 그러한 박익의 마음이나 박의중 그리고 길재의 마음은 다를 수 없었다.

길재는 통곡하면서 봉상시의 안준安俊에게 편지를 썼다. 그가 누운 곳은 새로 꾸린 금오산의 움집이었다. 베개 베고 누우면 낮인지 밤인지 모를 정도로 어두컴컴한 곳이었다. 그래도 밖에는 꽃도 피고 대나무가 우거져 있다. 안준은 여말선초 정권 교체의 모진 비바람에 휩쓸려 유배당하였던 인물이다. 얼굴 보기도 쉽지 않은 사정에 시조차 목을 타고 넘어오지 못하는 정황이었다.

길재는 이 글의 끝에 '행춘추관주서行春秋館注書 길재'라고 적었다. 역사를 기록하듯이 편지를 썼다.

2) 다시 찾은 개경, 변하지 않은 개경

(1) 태종의 기억 속 길재, 개경을 찾다

길재가 1400년에 태종의 부름으로 상경하여 찾아간 곳은 개경이었다. 조선은 1394년(태조 3) 10월 개경에서 한양으로 수도를 옮겼다. 1398년(태조 7) 8월 1차 왕자의 난 이후 1399년(정종 1) 3월 개경으로 수도를 옮겼다가 1405년(태종 5)에 한양으로 다시 돌아왔다. 길재가 개경에 찾아간 1400년에 세자인 이방원은 무척 긴장하면서 살 때였다.

젊은 시절 자신의 꿈을 하나씩 실현하다가 결국 버리고 떠났던 개경을 다시 찾아간 길재의 마음은 착잡하여 이루 형용하기 어려웠을 것이다. 다시 돌아올 거라고 생각하지 못하였던 곳이다. 그사이 고려는 망하였고 조선이 건국되었다. 성균관 가까이 있던 집도 둘러보고 싶었을 것이다. 어느 기록도 길재의 발걸음에 대해서는 눈길을 두고 있지 않다. 그도 그럴 것이 선초에 길재는 그렇게 눈길을 끄는 인물이 아니었다.

이때 실록의 기사나 사관의 인물 소개를 보면 길재의 효에 무게 중심을 두고 있다. 길재는 벼슬을 버리고 고향에 돌아가 홀어머니를 봉양하는 인물이었다. 이방원이 숨어 있는 빼어난 선비를 논하다가 길재를 거론하였다. 이방원은 길재보다 14살 아래였다. 길재가 성균관 가까운 곳에 살았고 이방원도 가까운 곳에 살았으며, 두 사람은 성균관에서도 만났었다. 이방원은 길재가 강직하고 함께 공부하였던 사람인데, 길재를 본 지 오래되었다고 이야기하였다. 그러자 정자正字 전가식田可植이 길재가 자신과 같은 고향 사람이라면서 길재의 효행을 말하였다. 당시 세자였던 이방원은 삼군부에 영을 내려 그를 불렀다. 길재는 개경에 도착하여 세자에게 글을 올렸다.

> 옛날에 저와 함께 성균관에서 『시경』을 읽으셨지요. 지금 부르신 것을 보니 옛정을 잊지 않으신 것입니다. 벼슬을 하다가 왕위가 교체되어 고향에 돌아가 살려 하였는데, 부르시니 뵈러 오기는 하였으나 벼슬을 할 생각은 없습니다.

이방원은 부르기는 자신이 불렀으나 벼슬은 임금이 내리는 것이니 임금께 사면을 고하도록 했고, 길재는 임금께 올리는 글에 "여자는 두 남편이 없고, 신하는 두 임금이 없습니다.[女無二夫 臣無二主 臣不事二姓]"라고 하여 두고두고 입에 오르내리는 말을 하였다.

이때만 해도 길재는 거의 알려지지 않았다. 길재가 글을 올리자 정종은 "이 사람이 누구인가?"라고 물었으며 신하들은 "한미한 유자[寒儒]입니다."라고 대답하였다. 전조에서 주서라고 하는 낮은 관직에 있던 사람 그 이상의 평가가 있을 수 없는 것이었다.

정종은 이튿날 권근에게 길재의 일을 어떻게 처리할지를 물었다. 권근이 이때 정종에게 그를 언급하면서 엄광의 사례를 말했는데, 이는 길재를 추천한 것이 세자인 태종과 관련된 것임을 그가 알고 있었다는 뜻이다. 엄광은 어렸을 때 동한의 광무제와 같이 공부하였는데 광무제가 즉위하여 그를 불렀으나, 사양하고 부춘산에 숨어 살았던 인물이다.

(2) 세상이 길재를 드러내다

길재가 정종을 만나는 장면은 길재에 대한 관심의 주된 초점이 바뀌는 순간이었다. 정종은 권근에게 길재가 절개를 지키고 벼슬하지 않았다는 사실을 지금 알게 되었다고 하였다. 길재의 낙향은 그와 관련 있는 사람만이 알고 있던 이야기인데, 이 순간부터 조선조의 중요한 주제가 되었다. 권근은 방향을 제시하였다. 이러한 사람에게는 마땅히 머물기를 청하고 작록을 더하여 주어서 뒷사람을 권려해야 한다고 하였다. 그래도 끝내 그가 가고자 한다면 그 마음을 받아 주는 것이 옳겠다고 하였다. 그에게 내린 벼슬은 봉상박사였다. 봉상박사는 봉상시奉常寺의 정6품 관직이다.

길재의 속마음을 알게 된 정종은 길재가 고향인 선산으로 돌아가는 것을 허락하고, 그 집을 복호復戶하게 하였다. 복호란 가호에서 부담하는 역을 면제해 주는 조처였다. 정종은 길재가 전조의 신하였으며 자신이 내린 벼슬을 받지 아니하였지만 길재를 신하로 여겼다. 신하는 몇 가지 특별한 사정이 아니면 임금을 떠날 수 없고 떠나게 되어도 허락을 받아야 하는데, 정종은 길재가 고향으로 돌아가는 것[歸鄕]을 허락하고 나아가서는 그 집에 대하여 역을 면제하는 복호 조처를 내린 것이다. 길재는 사신의 평가와 같이 천지의 변하지 않는 가치인 절의의 인물이 되었다. 이에 충렬지사忠烈之士라는 표현이 등장하였다.

길재의 삶을 주목하고 높이 평가하는 이유 가운데 하나는 정종의 부름, 곧 사실상 뒷날 태종의 추천을 거절한 데 있다. 그것이 그의 귀향을 더욱 높게 평가하는 이유다. 고려조에서 있었던 그의 첫 번째 귀향은 그가 망해 가는 나라에서 목숨을 부지하기 위해 구차하게 행동하지 않고, 낮은 관직에 있던 관리가 취할 수 있는 여러 선택지 가운데 가장 깨끗한 행동을 택한 것으로 볼 수 있다.

길재가 본 개경의 현실은 형제간의 다툼과, 권력을 둘러싼 수많은 신료들의 처참한 도륙의 현장이었다. 1398년에는 차원부車原頫가 그의 내외 친척 70여 명과 함께 이방원의 세력에 화를 당하였던 일도 있었다. 그 소식을 듣고 길재는 책상을 끌어당겨 등잔을 내던지고 통곡하였다. 자신을 부른 이방원이 세자가 되어 권력을 틀어쥐고 있으나 소용돌이 치는 권력의 칼부림의 역한 냄새가 아직 코끝에 남아 있을 때였다. 고려 말의 상황을 겪은 길재가 무슨 이유로 관직을 차고앉을 마음이 있었을까? 그는 권력을 좇는 사람이 아니었다.

권근은 태종이 즉위하자마자 글을 올려 절의를 포창褒彰하자고 주장하면서 정몽주, 김약항金若恒과 더불어 길재를 절의의 인물로 들었다. 길재를 다시 예禮로써 불러 관직을 내리는데, 굳이 앞의 뜻을 지켜서 오지 않는다면 곧 그 고을로 하여금 정문旌門을 세우고 부역을 면제하자는 주장이었다.

이 시기를 즈음하여 길재가 전국적으로 알려지기 시작한 것으로 보인다. 그리고 그의 행적은 사관에 의해 기록되어 선초 이른 시기에 그에 대한 평가가 정리되었다. 길재의 이야기가 실린 『정종실록』은 1424년에 변계량, 윤회 등이 편찬에 착수하여 1426년(세종 8)에 완성하였다.

인의의 가치를
배우고 실천하다

2 가르쳐 함께 앞날을 열다

1) 앞날을 열어 함께 가다

길재는 금오산 북쪽 구미리에 전택을 두고 학도들에게 경전을 가르치고 성리학을 가르쳤다. 상재에서는 벌열의 자손들을, 하재에서는 향곡의 천족들을 가르쳤다. 여기에서 벌열은 세력가 내지 양반을 가리키고 향곡의 천족은 벼슬하지 않은 사람들을 가리키는 것으로 생각된다. 학습 내용은 일반적인 서당과 같이 경사經史였으며 문자 학습 단계는 아니었을 것으로 생각된다. 김숙자가 12살 때부터 배웠다면 이 시기 학습 단계로 보아 초학 이상이었을 것으로 짐작된다. 그것은 가장 기본적인 『소학』의 철저한 학습을 넘어서서 자기표현이 가능한 학문 수준까지 이루는 것이다. 무도舞蹈와 영가詠歌를 배웠다고 하는데 사실 무도는 조정의 의례에서 행하기 때문에 양반 관료들의 교양처럼 생각되었고 사장詞章은 공부의 성취를 볼 수 있는 분야였다.

길재의 이 교육 기구는 서당으로 보인다. 이 시기에는 정사精舍·서재書齋·서당書堂이 있어서 사립 교육 기구 역할을 하였다. 서당은 본디 독서당의 준말로, 주자의 글에도 나오는 '글을 읽는 곳'이었다. 그것이 점차 초학 교육을 의미하는 것으로 쓰이고 고을 안 곳곳에 세워져 한 마을 안에도 여러 개의 서당이 생겼다. 양반들이 집안의 아이들을 가르치는 가숙家塾의 의미를 벗어나 마을 안이나 가까운 곳에 사는 학동을 가르치는 곳이 되었다. 길재의 서당은 가숙을 넘어서는 지역의 교육 기구였다.

일찍이 야은이 「한거閑居」라는 시에서 "어른 아이들이 글을 물으니 서로 더불어 거닐 만하네"라고 노래한 구절을 실현한 것이다.

2) 길재의 제자들 길에 함께 나서다

『동국문헌문생편東國文獻門生篇』에 길재는 정몽주의 문생으로 기록되어 있고 「야은길재문인」에는 김숙자金叔滋, 김치金峙, 박서생朴瑞生, 길구吉久, 최운룡崔雲龍의 이름이 올라갔다. 다른 간본의 『동국문헌문생편』에는 「길야은문인」의 마지막에 그의 아들 길사순吉師舜이 있다.

(1) 김숙자金叔滋

김숙자(1389–1456)는 12세 때인 1400년경부터 길재에게 『소학』과 경서를 배웠고 황간현감 윤상尹祥에게 『주역』을 배웠다. 1414년 생원시, 1419년 문과에 합격하였으며 1436년 경학에 밝고 덕이 있는 선비로 추천되었다. 그는 아들 김종직(1431–1492)을 가르쳐 정몽주–길재–김숙자–김종직에 이르는 성리학 도통의 맥을 이었다고 평가된다.

(2) 김치金峙

본관은 선산이고 자는 기보基甫이다. 우왕 때 문과에 급제하였으며 1401년(태종 1)에 지평持平이 되었다. 세종 때에 지사간원사知司諫院事·지사간知司諫을 거쳐 김해부사를 역임하였다. 김숙자와 함께 공부하여 글로 이름이 났으며 그 문하에서 김종직이 배출되었다. 또한 김치의 효행으로 인해 정문이 세워졌는데 『야은선생집』에 차운 2수가 남아 있다.

(3) 박서생朴瑞生

본관은 비안比安이며 자는 여상汝祥, 호는 율정栗亭이다. 1401년(태종 원년) 문과에, 1407년(태종 7) 중시에 급제하여 우정언에 제수되었다. 이후 응교·집의 등 주로 언관직에 종사하였다. 이후 공조참의·병조참의·집현전 직제학 등을 역임하였다. 박서생은 1428년(세종 10) 통신사로 일본에 다녀왔는데, 이때 수차水車의 이

점을 역설하고 도입을 건의하였다.

박서생은 청백리에 뽑혔으며, 편지를 남겼다. 1714년(숙종 40)에 건립된 구천서원龜川書院에 박의중朴宜中, 이우李瑀, 김효정金孝貞 등과 함께 배향되었다. 『야은선생집』에 차운 2수를 남겼으며 길재의 「행장」을 지었다.

(4) 조상치曺尙治

본관은 창녕이고 자는 자경子景이며 호는 정재靜齋이다. 1419년(세종 1)에 증광 문과에 장원급제하여 사재감주부司宰監主簿를 역임하였으며, 세종·문종·단종 3대를 섬겨 성삼문成三問·박팽년朴彭年과 더불어 큰 관심을 모았다. 1455년(단종 3)에 집현전 부제학이 되었고, 세조가 왕위를 찬탈한 뒤 예조참판에 임명되었으나 사직하고 은거하면서 후학을 양성하였다.

그는 자신의 묘비에 '노산조부제학포인조상치지묘魯山朝副提學逋人曺尙治之墓'라고 새길 것을 유언으로 남겼다. 자신은 세조의 신하가 아니라 노산군의 신하이며, 포인 곧 망명하여 도망한 신하로 자처한 그였다. 자기가 죽으면 그 돌을 묘 앞에 세우라고 했는데, 아들들이 화가 미칠까 두려워 땅에 묻었다고 한다. 그의 시문은 임종 시에 모두 소각되었다. 시호는 충정忠貞이다. 『기년편고紀年便攷』에 길재의 문인으로 기록되었다.

(5) 정상인鄭尙仁

언양彦陽 사람이며 아버지를 일찍 여의고, 조부모를 위해서 3년간 묘막에서 지냈다. 모든 장례와 제사는 한결같이 가례에 따랐다. 또 스승인 길재를 위해서 3년 동안 심상을 입었다.

(6) 조의생曺義生

두문동 72현 중 한 사람이며 자는 경숙敬叔이다. 개성 부윤을 지낸 조인曺仁의 아들로, 고려 말기에 충절을 지킨 문인이다. 젊은 나이에 정몽주, 길재의 문하에서 학문을 배웠다. 고려가 망하고 두문동으로 들어갔다. 조선 조정의 부름에 응하지 않았으며 평생 벼슬하지 않고 죽었다.

그 밖에 이석손李碩孫이 길재의 제자로 거론되고 있다. 이석손은 세종 때 좌빈객左賓客을 지낸 인물로, 단종이 뜻하지 않게 물러나자 장인인 박연생朴衍生과 함께 담양의 월산에 숨어 살았다.

길재의 제자들은 관직에 나아가기도 했지만 그렇다고 하더라도 대의에 어긋난다 생각하면 돌아섰다. 효행과 의례 준용에 마음을 쏟았던 것도 이들의 공통점이었다.

3) 한 샘의 물맛은 같다

길재의 형제들과 가족들의 삶은 같은 방향으로 가고 있었다.

승려에서 몸을 돌려 경학을 배우고 가르치게 된 동생이나, 그의 누이와 딸들은 길재가 가리키는 방향으로 몸을 돌려 함께 걸어갔다.

(1) 형 따라 발길을 돌린 동생 길구 이야기

길재에게는 남동생과 누이가 있었다. 길재의 동생 길구는 종수宗樹라는 법명을 가진 승려였는데 환속하여 길재의 밑에서 경학을 공부하고 후학을 가르쳤다.

그는 남재가 자신의 형 길재에 관한 글을 모아서 만든 시축詩軸을 권근에게 가지고 가서 보여 주었다. 그 시축에는 몇 수의 시가 실려 있었는데 하나는 그의 절의를 찬미한 것이고, 다른 하나는 그의 효행을 찬미한 것으로, 각각 그 끝에는 남재의 서序가 붙어 있었다. 권근 역시 그 시축을 보고 후서後序를 지어 붙였다. 권근의 후서가 1405년 7월에 지은 것임을 보면 길구는 이때까지는 승려였다. 그는 생원시에 합격하였다고 한다.

길구가 생도들을 가르친 사실은 『일선지』에 일부 전한다. 해평에는 향교의 후신인 학교가 1434년 전후에 있었던 것으로 추정된다. 해평이 현일 때에 향교가 있었으나 선산부에 내속하면서 폐하였다. 현의 사람들이 옛터에 학교를 세워 달라고 청한 까닭에 부사 이길배李吉培가 조정에 보고하여 다시 세우도록 하였다고 한다. 이길배가 1430년 선산부사로 부임하였다가 중앙으로 돌아간 것이 1434년이므로 대체로 이 시기 전의 일로 보여진다. 이길배는 관학 여러 곳을 고치고, 부지런히 공부하기를 권유하여 교생 가운데 과거에 급제한 자가 많이 나와 조정에서 그 공으로 벼슬을 올려 주었던 인물이다.

부의 교육 책임자인 교도敎導 김영발金英發을 시켜 생원 길구를 학장學長으로 삼아 학도를 모아 강업講業을 하였다. 정인지鄭麟趾에 의하면 그 후 읍의 선비가 한 읍에 두 곳의 학교를 둔 사례가 없으니 훼파하도록 요청하여 없앴다고 한다. 한 고을에는 하나의 학교만 세운다는 일읍일교一邑一校의 원칙을 따른 것이다. 임진왜란의 화를 입은 후 복건하지 않다가 1599년(선조 32)에 현인들이 부사 성진선成晉善에게 청하여 그 땅에 서당을 세웠다. 길구가 낙봉서당을 세웠다는 족보 등의 기록은 임란 후 다시 세운 서당의 연원을 찾아 150년도 훨씬 이전의 사실을 연결한 것이라 하겠다.

가형의 길에 함께 나선 길구는 그의 길 불문佛門에서 나와 생원이 되어 지역의 후학들을 가르치기까지 하였다.

(2) 길재의 누이와 둘째 딸 이야기

길재는 막냇누이에게 각별히 마음을 쏟았다. 막냇누이가 천호千户 방사계方思桂에게 시집갔다가 버림을 받아 갈 곳이 없게 되자, 막냇누이와 함께 살았다. 누이가 후사 없이 죽자 동생 구를 상주로 삼아 1년 동안 기년복朞年服을 입게 하였다. 평생 마음고생하고 살다가 후사 없이 세상을 떠난 누이를 보내는 오라비들의 마음이었다.

길재에게는 두 아들과 세 딸이 있었다. 첫째 아들 사문師文이 일찍 죽어 둘째인 사순師舜이 종손 노릇을 하였다. 길재의 첫째 사위는 김석정金石精이고, 둘째는 이효성李孝誠, 셋째는 한남두韓南斗이다.

조선 사회에서는 늘 효자와 열녀의 사례를 찾아 표창하였다. 1455년(단종 3) 의정부에서 효자·열녀 등을 아뢰면서 길재의 둘째 딸과, 김석정에게 시집간 첫째 딸에 대하여 거론하였다.

> 금산군의 고故 주서 길재의 딸은 유학幼學 이효성에게 시집갔는데, 시부모를 부모처럼 섬겼다. 26세에 그 남편이 자식이 없이 죽자, 모든 상제를 『가례』에 따라 행했다.
>
> 그 시아버지가 죽은 아들 이효성의 전지田地와 노비를 여러 아들에게 나누어 주고자 하였으나, 길씨의 효성이 지극하여 감히 말을 꺼내지 못하였다. 길씨가 그 뜻을 알고서 시아버지에게 다 돌려주고 자기의 노비를 거느리고 봉양하기를 처음과 같이 하니, 시부모가 감복하고 뉘우쳐서 그 노비와 전지를 빼앗지 않았다.
>
> 1437년(세종 19)에 이르러 그 어미가 병이 나자, 친정집으로 돌아와서 곁에서 어머니를 모셨다. 그 어머님이 돌아가시고 친정집에 그대로 머물렀지만, 매 절기에 반드시 의복과 맛있는 음식을 갖추어서 돌아가 시부모를 뵈었다.
>
> 그 오라비 길사순이 서울에서 벼슬살이할 때에 길씨와 그 언니 김석정의 처가 같은 마음으로 길사순에게 곡식을 보내 주었다. 길사순이 죽었을 때에 아들이 모두 어리고 약하자, 조카를 시켜 시신을 맞아 와서 집에서 장례를 치렀다. 또 조카로 하여금 상례를 주장하게 하였고, 길씨는 길사순의 아내와 같이 거처하면서 상복을 기년期年 동안 입었다.
>
> 또 언니가 죽자 3년 동안 심상하였다. 또 시아버지의 병이 위독해지자 몸소 스스로 약을 받들었고, 시아버지가 죽자 울다가 눈이 어두워졌다. 그리고 여러 아들들이 불사佛事를 행하려고 하였으나, 길씨가 장자의 아내로서 먼저 삭제朔祭를 행하니, 여러 아들들이 이로 인하여 감탄하고 깨닫고서 다만 삭망전朔望奠만을 행하였다.

종가의 문화는 하루아침에 만들어지는 것이 아니다. 길재의 행례를 보고 자란 그의 자손들은 스스로 의례를 지키는 사람들이었다. 길재의 둘째 딸의 사례에서 보더라도 그를 둘러싼 모든 가족들이 하나같이 서로 도와 의례를 지키는 것을 볼 수 있다. 길재의 며느리, 첫째 딸 그리고 조카에 이르기까지 온 가족이 한마음으로 나서서 일을 처리했다. 이것은 물론 단순한 의례의 문제가 아니라 의례를 함께 준용하는 관계 곧 친족 관계를 확인하는 일이 되는 것이었다.

4) 온 누리가 기억하고 노래하다

길재를 기리는 방법 가운데 하나는 길재의 시를 읽는 것이었다. 처음에 남재가 그의 시를 묶어 시축 2축을 만들었다. 시를 지었던 사람들은 길재와 함께 공부하였거나 같은 시기에 고려 조정에 몸담았던 사람들이었다. 그 가운데 일부는 조선조의 충성스러운 신료로 활동하고 있는 사람들이었다. 한편으로는 경상도 관찰사나 인근 고을의 수령을 역임한 사람들이었다.

여기에는 길재의 스승인 이색과 권근은 물론, 길재와 같은 스승의 문인이었던 변계량·하륜 등이 있었다. 이색과 권근은 여말의 정치 상황에서 이성계 세력과 대립하는 위치에 있었다. 변계량은 고려 말 조선 초 정도전·권근으로 이어지는 관인 문학가의 대표적 인물이었고 하륜은 이인복李仁復·이색의 제자였다.

연산군도 길재의 절의를 노래하는 시를 짓도록 명하였으며, 길재는 뒷날 정치적 지향을 전혀 달리하는 인물에게도 관심의 대상이 되었다. 성석린은 고려 말의 신하로서 조선 건국에 참여한 인물이었다. 남효온은 남재의 후손이었기에 일찍이 집안의 훈계로 평소에 길재에 대한 이야기를 들어 오다가, 길재의 옛 마을을 지나가는 길에 시를 지었다.

문집에 전하는 숱한 차운시들이나 남재가 꾸몄다는 시축을 통하여서도 길재의 시가 점차 읽히고 있었다는 것을 알 수 있다. 조선의 개국공신 이직李稷 역시 야은의 시에 차운하여 시를 지었다.

노소론으로 분류되는 서인 후예들의 길재 및 길문에 대한 눈길은 단순히 헌시를 넘어 따뜻한 애정을 표현하는 것들이었다. 길재가 상징하는 것은 정치적 입장의 문제가 아니었다. 차운한 시들은 길재에게 바치는 헌시였다. 길재의 절의와 학문을 나타내기도 하였으며 그를 상징하는 장소 등을 노래하기도 했다. 금오산, 사당, 묘소, 집, 정려비, 마을 등 길재와 관련되는 모든 것이 시재였다.

조선 후기에도 시를 잘 짓는 지표 가운데 하나가 야은의 시를 알고 있는가 하는 것이었다. 이것은 야은의 시를 문집에 실을 만큼 야은이 시를 잘 짓고, 야은의 절개가 알려진 것처럼 야은의 시가 잘 알려져 있다는 평가였다.

김용金涌은 1599년에 선산부사로 부임하였는데 1601년의 신축지변으로 파직되었다가 길운절의 사는 곳이 개령으로 밝혀져 다시 복직된 것으로 보인다. 이러한 일을 겪었음에도 김용은 금오서원을 이건하는 일과 길재 사당의 중수 등에 적극적으로 나섰다. 김용은 길재의 삶에서 시대를 뛰어넘는 삶의 기준을 보았다. 두 사람이 추구하는 삶의 방향이 같았다. 김용은 길재의 삶이 곧 자신이 따라 살아야 할 본보기라 생각하였다. 그는 율리에 있는 길재의 사당을 찾아서 자신의 마음을 털어놓았다.

말달려 금오의 동쪽을 찾아오니	促鞭來訪金烏東
찬 대 푸른 소나무의 율리 가운데라네	寒竹蒼松栗里中
천년 갈 본보기 이같이 상상할 수 있지	千載儀刑此可想
잠시의 이야기도 역시 청풍이지	暫時談話亦淸風

우리 눈앞에 푸르름이 펼쳐진다. 한죽도 푸른 것이고 창송도 푸른 것이다. 마지막에 이야기하는 것은 청풍이다. 청풍이 가장 중요한 이야깃거리이다. 맑은 바람은 무엇인가? 뺨을 스치는 한 줄기 선선한 것을 의미하는가? 관인으로서 깨끗이 사는 것이라든가 혹은 절의를 지키는 것을 의미하는가?

그 바람은 사실 변화의 바람이다. 이것은 길재에 와서 교화가 완성되고 길재로부터 교화가 시작되었다는 평가를 말한다. 유교의 가장 중요한 핵심은 도덕적 가치를 세우고 그것을 따르며 그에 맞추어 변화하는 것이다. 그 바람은 때로는 권력으로부터 자유로울 수 있는 변화를 이끌어 내기도 한다. 뒤집어 말하자면 길재의 귀향은 권력으로부터 벗어난 것이고 권력을 붙좇는 사람들로부터 떨어져 나온 것이다. 그것이 가능한 것은 그가 그 가치관에 입각하여 변화되었기 때문이다.

그의 수학은 자신을 변화시키기 위한 것이었다. 유학을 배워 능력을 갖추게 되고 관리가 되었으나 유학에서 내세우는 가치와 다른 모습들에 당황하였을 것이다. 무엇이 바른길인지 따지기도 벅찬 너무나 빠른 정세의 변화에서 길재의 선택은 명료하였다. 그가 뒷날 태종의 친절을 사양할 수 있었던 것도 그와 같은 생각이 변하지 않았기 때문이었다. 김용은 그의 생각을 가장 잘 아는 사람으로 보인다. 율곡유사 곧 길재를 만나려고 금오산 동쪽으로 달린 것이다. 대나무는 차게 느껴지고 소나무는 더욱 푸르게 보이는 추운 날이었다. 찬 대나무나 푸른 소나무 그 모두가 변하지 않는 절의를 상징하는 것들이다. 아울러 길재의 절의는 영원하다고 생각하고 있다. 그 모든 상황을 압축하여 설명하는 마지막 단어는 청풍이었다. 김용, 그는 그곳에서 누구와 이야기하였을까?

사람들은 금오산을 찾고 야은사를 찾고 지주중류비를 찾았다. 조헌도 길재가 살던 곳을 찾았다. 조헌의 행로에서 볼 수 있듯이 영남 지방을 다니는 유자가 거치는 곳이 정몽주를 모신 제월당, 박팽년 사당 그리고 길재가 살던 곳, 김일손의 묘당 등이다. 젊은 시절 우암은 인동의 장현광을 방문하고 야은의 묘를 참배하였으며 오산사를 참배하고 지주중류비를 찾았다.

금오산을 지나는 사람들은 야은 선생을 떠올리고 세 번 크게 소리치며 야은 선생을 목놓아 불렀을 것이다.

제3장

절의와 예 그리고 삶에 대해 말하다

절의와 예 그리고
삶에 대해 말하다

1 인의를 깨달아 절의를 실천하다

1) 참된 절의를 추구하다

길재의 절의를 이야기하는 것은 두 가지 일 때문이었다. 하나는 고려조에서 관직을 버리고 귀향하였다는 것이고 다른 하나는 정종의 관직 제수, 사실상 뒷날의 태종의 추천을 사양했다는 것이다.

(1) 고려를 떠난 것이 절의인가?

길재의 귀향은 두 가지에 초점이 맞춰진다. 하나는 망해 가는 고려조를 보고 떠났다는 것이고 다른 하나는 그가 신씨 왕을 섬기다가 왕씨로 복귀하자 돌아섰다는 것이다. 신료가 나라가 망할 것을 알고 왕을 버렸다면 그것은 정당화될 수 없는 일이었다. 아무리 고려를 부정하고 건국한 조선의 입장에서라도 군신유의君臣有義를 염두에 두면 그것은 옳은 일이 아니었다.

그러나 그 부분은 길재가 고려의 쇠망을 책임질 위치에 있지 않았기에 출처를 달리할 수 있다는 이색의 언급으로 정리되었다. 그의 귀향이 망해 가는 나라에서 목숨을 부지하기 위한 행동이 아니라 눈 뜨고 보기 어려운 형국에 빠진 정황에서 낮은 관직에 있던 관리가 취할 수 있는 선택 가운데 하나로 인정될 수 있었다. 그리고 그에게는 부모 봉양이라는 명분이 있었기에 오히려 효를 실천하기 위해 관직을 떠난 것이 되었다. 즉 효행이 충절의 문제를 덮은 것이다. 아울러 고려 말 우왕과 창왕이 신씨 소생의 가짜 왕[僞王]이라는 주장은 점차 설득력을 잃어 갔다.

(2) 충성과 절의 사이

조선조에서 관직에 나아가지 않은 것은 사실 길재의 삶을 주목하고 높이 평가하는 일이 되었다. 더군다나 망국의 신하가 외친 불사이군不事二君의 명분이 뚜렷하게 부각되었다. 새로 건국한 나라에서 앞길이 보장된 조건에 눈길을 주지 않고 물러섰다는 것에 대한 평가이다.

선초에는 조선 사회의 체제를 구축하고 조정의 안정을 위하여 권력에의 충성을 강조하였다. 유교가 내세운 지향할 가치의 구체적인 실천을 의라 한다. 그러한 의 가운데 특히 신하로서 충성을 바치던 국가나 군주에게 맺었던 관계를 유지하는 것이 절의라 하겠다.

권근은 수창궁에 화재가 나자 취해야 할 대책 가운데 하나로 절의 있는 사람을 포상할 것을 권하였다.

> 대업이 이미 정해져 수성守成할 때에는 반드시 절의를 다한 전대의 신하들을 포상하여, 죽은 자는 벼슬을 추증하고 살아 있는 자는 등용함으로써 정표와 포상을 두터이 하여 후세 신하들의 절의를 장려하여야 하는 것이니, 이는 고금의 공통된 의의입니다.

그 사례로 길재를 거론하였다. 길재가 왕의 명을 거슬러 고향으로 돌아간 것은 몸가짐이 중도中道를 벗어나고 정도正道를 잃은 것이기는 하지만 그의 행동은 옛 임금을 위하여 작록을 사양한 것이니 고상하다고 평하였다.

길재와 다른 길을 걸어 조선의 조정에 몸담은 인물들도 길재의 절의를 마음 한구석에 담아 두고 있었다. 정이오鄭以吾(1347-1434)는 『야은선생집』에 오언율시와 차운시를 남겼을 뿐만 아니라 길재에게 토지를 주었던 인물이다. 그는 이색·정몽주의 문인과 교유하였기에, 그에게는 길재가 낯선 사람이 아니었다. 그는 길재보다는 먼저 고려의 관직에 나아갔었기에 1394년(태조 3) 지선주사知善州事가 되어 길재를 찾아 속마음을 드러내었다. 세상의 부귀영화가 나를 즐겁게 하는 것이 아니라 절의만이 오래도록 영화로운 것인데, 그 자신은 조정이 바뀐 조선의 관리가 되어 역사의 무서운 평가 아래에 놓이게 되었음을 토로하였다.

걸치레가 어찌 내 삶의 즐거움을 채울 수 있으랴	軒裳豈足樂吾生
뚜렷한 절의만이 오래도록 영화롭도다	名節斯爲萬世榮
오조에 벼슬한 장락의 늙어 감을 보니	看取五朝長樂老
명예롭다 기록한 밑바닥에는 분노한 뇌성이로다	修光筆底怒雷聲

이때는 태종의 부름이 있기 훨씬 전이었다. 조선의 건국 과정을 겪은 여말선초의 관인은 일찍부터 길재의 귀향을 절의로 생각하고 있었다.

절의와 예 그리고
삶에 대해 말하다

2 마음 따라 예를 지키다

1) 의와 예

예는 곧 의의 실현이었다. 길재 처가의 재산을 나누는 일로 짐작되는 일이 생겼다. 사위인 자신에게 보다 많이 분재가 되었던 것이 길재에게는 마음 쓰이는 일이었다.

길재가 말하기를, “자손은 누구나 조상님이 남겨 주신 몸인데 더하고 덜한 차이를 두어서는 되겠습니까. 더군다나 지금 적자가 이미 죽고 없어, 비록 서자라도 마땅히 제사를 받들어야 하는 것이니 누구나 소중하지 않다고 할 수 없습니다.”라고 하면서, 재산을 나누어 반 이상을 주었다.

장인이 돌아가시고 재산을 나눌 때에 적자가 없고 서자만 있는 상태에서 길재가 서자에게 재산의 반 이상을 준 것으로 여겨진다. 자신이 노복을 홀로 차지하는 것보다는 서자라도 제사를 지내게 하는 것이 의이기 때문이다. 그 의를 지키면 예를 실천할 수 있게 되는 것이다.

길재는 자신에게 돌아오는 이익보다는 의를 지키려 하였다. 외종형인 중 설당雪幢이 법손法孫의 노복을 길재의 아들 사순에게 주었다. 그러자 길재가 말하기를, "이미 법손이라 칭할진대, 어찌 족친에게 줄 수 있는가."라고 하며, 사순을 시켜 곧 돌려보내게 하였다. 법손은 불교신앙 체계 안에서 이를테면 사회의 후손과 같은 존재이다. 법손이 비록 사회적인 재산 상속자가 아니어도 길재의 생각은 그것을 무시하고 혈족에게 준다고 하는 것 역시 옳지 않은 일이었다.

2) 삶과 예

부귀는 많이 힘들여야 얻을 수 있고 가난은 견디기 힘들다[富貴多勞貧賤苦]는 사실을 알지만 그에게 중요한 것은 사람의 마음이었다. 그 마음은 뜻을 바로 세워 정리된 마음이었고 그 마음으로는 하고자 하는 삶을 누릴 수 있다고 생각하였다. 예를 지킬 수 있는 것이라면 도움을 마다하지 않았다. 남재의 가묘 건립을 받아들였으며 정이오와 이양의 토지를 쓸 만큼만 받았다. 그러나 우리는 길재가 나라에서 받은 땅에 대나무를 심은 것을 바라본다. 관직도 받지 아니하였는데 토지인들 받을 수 있었겠는가? 길재는 그 땅에 목숨을 부지할 곡식이 아니라 대나무를 심었다.

아직은 『주자가례』가 보편적인 의례로 지켜지지 않을 때였지만 길재에게는 그것을 지키는 것이 원칙이고 삶의 목표 가운데 하나였다. 의례를 준용하지 않는 삶은 의미가 없는 것이었다. 그러한 뜻에서 가례를 지킬 수 있는 남재의 가묘는 받을 수 있는 것이었다.

길재의 예는 마음이지 형식이 아니었다. 섬기던 왕이 돌아가시자 지키는 마음, 가르침을 주던 선생님이 돌아가시자 지키는 마음이었다. 그가 가족들에게 당부하였던 예의 준수는 곧 마음을 말하는 것이었다. 그가 지킨 지나친 사례로 거론하는 돌아가신 달에 음식을 절제하는 것, 그것은 마음이지 형식과 규범이 아니었다. 사랑하는 여동생이 세상을 떠나자 동생으로 하여금 상복을 입게 한 것, 그것은 마음이었다. 예는 그것을 지키는 사람들 상호 간의 위계와 관계를 말하는 것이고, 차례라고 하지만 그에게는 마음이었다. 그 마음은 의에 터를 둔 것이었다. 의와 예는 다른 것이 아니었다.

3) 논란이 된 의례, 기월朞月

의례에 관심이 있는 사람이라면 모두 길재가 어버이의 돌아가신 달, 기월을 지키는 것에 대해 거론하였다. 이황도 이 의례가 일반은 지키지 못할 지나친 것이라 하였다. 길재가 친기親忌를 당하여 그달이 다 지나가도록 거친 밥에 물만 마셨다는 이야기를 들은 퇴계는, "이는 일종의 독행篤行이 있는 선비나 하는 일이다. 만일 사람마다 행할 수 있는 것으로 안다면 옳지 못하다."라고 하였다. 성호星湖 이익李瀷은 『통전通典』의 「기월의忌月議」에도 기월을 말한 대문은 없다고 하였다. 정지상鄭知常이, "『예禮』에 기일忌日은 있으나 기월忌月이 있다는 것은 듣지 못했다."라고 하면서, 기월이라면서 악기를 걸어 두고 즐거운 감정을 자제한 것을 비판하였는데 성호는 그것을 인용하였다.

조선 후기의 『상변통고』 역시 큰 관심 가운데 하나가 길재의 기월 문제였다. 「제례의 기일」에서 그 문제를 다루면서 기일은 있으나 기월은 없다[有忌日無忌月]고 확인하였다. 길재가 지킨 기월이기에 많은 사람들이 관심을 가졌고, 그러므로 제례를 다루는 『상변통고』에서 언급을 하지 않을 수 없는 노릇이었다. 길재가 지키고자 한 것은 의례가 아니라 마음이었기 때문에 기월이 있었던 것이다.

절의는 국가와 군주에 대한 것이며, 청렴과 검약은 자신에 대한 것이며, 가치의 실행은 사회의 모든 사람들의 가족과 이웃을 향한 것이었다. 길재의 그러한 마음과 행동은 후손들과 제자들이 따라야 할 것이고 온 사회에 영향을 미치는 것이었다. 길재는 금오산을 수양산으로 만들고 약가와 같은 이웃들을 유교 가치관의 실천자로 만들었다.

길재가 살던 마을 혹은 고을의 사람들은 길재의 영향을 받아 길재가 혹 알까 두려워서 착하지 않은 일을 하지 못한다. 그의 영향은 충절이나 효행 등의 범위에 그치는 것이 아니라 그가 지향했던 삶의 가치 전체에 해당된다. 그가 생각하고 행동한 선善을 공동의 가치 기준으로 삼고 있는 것이다.

절의와 예 그리고
삶에 대해 말하다

3 자연처럼 자연 속에서 살다

1) 자연에 안기다

길재가 생각하는 삶은 어떠한 모습이었을까? 그는 「술지述志」에서 자신의 생각을 다음과 같이 털어놓았다.

시냇가 초가 홀로 한가히 사니	臨溪茅屋獨閑居
달 밝고 바람 맑아 흥이 넘치네	月白風淸興有餘
찾는 이 없고 산새만 지저귀니	外客不來山鳥語
대숲 아래 자리 옮겨 누워 글 보네	移床竹塢臥看書

언뜻 보아 그의 삶은 무위자연의 삶처럼 보인다. 그러나 그것이 아무것도 하지 않아 원래 있던 그대로 흘러가도록 두는 것은

길재의 시 「술지述志」가 새겨진 바위

아니었다. 뜻을 가지거나 목적을 가지고 하는 일도 자연의 질서에 어그러지지 않게 사는 삶이다.

달 밝고 바람 맑은 자연은 그의 삶의 흥을 넘치게 한다. 그가 원하는 것은 누구도 찾아오지 않는 곳, 제 몸 하나 겨우 누일 수 있는 곳에서 글을 읽는 것이다. 사람과의 관계를 단절한 곳, 자연 속에서 정작 하는 일은 글을 보는 것이다. 속세를 떠나, 자신의 몸을 가릴 만한 곳으로 숨어들지만 그곳은 그래도 글을 묻는 관동이 있는 곳이다.

손 씻는 맑은 샘이 차다　盥手清泉冷
마주 선 무성한 나무 높기만 하네　臨身茂樹高
관동이 와서 글을 묻는도다　冠童來問字
더불어 거닐 만하네　聊可與逍遙

그는 세속을 벗어나 자연 안에서 다른 사람이 정리한 서로의 관계를 확인하고 있다. 그 글은 다른 사람이 사람에 대하여, 자연에 대하여 그리고 서로의 관계에 대하여 생각을 털어놓은 것들일 것이다. 그가 간절히 바라는 예가 지켜지는 삶은 사실 사람들이 모여 살며 함께 꾸려 가는 것이었다. 그의 「술지」는 바로 입지立志를 말하는 것이다. 입지는 마음을 바로잡아 덕을 쌓고 학문을 닦아 삶을 꾸려 나가는 출발이다.

그는 뒷날 관직을 떠나 맑은 바람 부는 금오산 밑으로 돌아갔지만 그가 하는 일은 책을 놓고 농사짓는 것이 아니었다. 그 일은 바로 그가 관직에 나갈 수 있던 바탕인 유학을 가르치는 일이었다. 관직에서 떠나감은 삶의 방식을 바꾼 것을 의미하지 삶을 부정한 것은 아니었다. 더군다나 귀향은 자신이 배운 가치를 실천하는 것이었기 때문에 같은 가치를 지향하는 사람들의 눈에 띄고 마음에 들었던 것이다.

2) 자연이 삶의 방향을 가리키다

그가 손 씻는 맑은 물은 차갑기 그지없고 마주 선 무성한 나무는 쳐다보기 힘들 정도로 높이 솟아 있어서 대하기 어려운 자연 같지만 글을 묻는 사람들이 있어서 함께 거닐 만한 곳이었다. 유자에게는 언제나 손을 씻어 마음을 정결하게 하는 순간이 필요하다. 소요는 거니는 것이지만 정신없이 거니는 것이 아니라 큰 욕심을 내지 않고 사는 것이다. 그가 몸 담은 자연은 사람들이 더불어 사는 곳이다.

댓빛은 봄가을 절의를 굳게 하고	竹色春秋堅節義
흐르는 물은 밤낮으로 탐욕을 씻어 주네	溪流晝夜洗貪婪
마음은 맑고도 고요해 티끌 하나 없네	心源瑩靜無塵態
이 길을 따름이 세상 단맛 아는 것이네	從此方知世味甘

댓빛은 늘 푸르러 언제나 절의를 굳게 해 주고, 흐르는 물은 밤낮으로 욕심을 씻어 주어서 마음이 맑고도 티끌 하나 없게 되는 것이다. 자연 속에서 자연과 더불어 그 순리대로 사는 것이 도道인 것이다.

길재의 물은 여러 의미를 담고 있다. 맑고 깨끗한 물에 손을 씻는다는 것은 단순히 더러운 것을 털어 내는 것이 아니다. 손끝을 통해 전해 오는 차가운 느낌은 온몸과 온 마음을 자극하여 새로 깨어나는 것을 의미한다. 또한 그 물은 욕심을 흘려보내는 것이다. 때로는 탁한 물이 나를 휩쓸고 더러운 세상에 온몸을 내동댕이칠 것 같지만 그에 굴하지 않는 바위처럼 견디기도 하는 것이다.

물론 자연 속에 숨어 살면 좋기만 한 것은 아니다. 누군가는 그 모습을 보고 싫은 소리도 한다. 사람 일은 끝나면 물러가야 하지 세월 다 지나 귀밑머리 희어질 때까지 기다리는 것이 아니다.

제4장
길재,
절의의 상징이 되다

1 절사節士 길재의 자리를 매기다

1) 세종, 길재를 절사로 삼다

길재가 1419년 4월 12일 사망한 후 3년상을 마치자 세종은 1421년(세종 3) 12월에 길재의 아내에게 호역戶役을 면제해 주도록 명하였다.

조정에서는 1426년(세종 8) 12월부터 논의를 하여 1427년(세종 9) 고려의 절사인 주서 길재에게 통정대부사간원좌사간대부지제교겸춘추관편수관通政大夫司諫院左司諫大夫知製敎兼春秋館編修官 첩지를 내렸다. 통상 증직 등은 대상자에 대한 평가가 달라지거나 혹은 그의 자손들의 관품이 높아져서 추증하는 것이었다. 길재의 경우에는 그 자신에 대한 평가의 변화가 그 배경이었다. 통정대부는 문신 정3품 상계의 품계명으로, 흔히 당상관을 이른다. 이제부터 길재를 좌사간이라 부르고 당상관에 해당하는 예우가 뒤따르는 것이다.

길재의 절의에 대한 다른 여러 의견이 나와도 세종은 그를 절의의 인물로 확언하였다. 1430년(세종 12) 세종은 자신이 추증을 하고 그 아들에게 벼슬을 내렸음을 언급하였다. 길재에 대한 자신의 평가가 이미 끝났다는 이야기이다.

길재의 절의에 대해서는 『삼강행실도三綱行實圖』와 뒤의 『동국신속삼강행실도』에 「동국삼강행실충신도東國三綱行實忠臣圖」 '고려주서길재高麗注書吉再'가 수록되어 널리 알려지게 되었다. 『삼강행실도』는 선초에 교화의 필요에서 간행된 책이었다. 1428년 진주에 사는 김화金禾가 아버지를 살해한 사건이 일어나자 그에 대한 사회적 대응의 결과였다. 그 사건에 대하여 세종이, "엄벌에 앞서 세상에 효행의 풍습을 널리 알릴 수 있는 서적을 인쇄하여 백성들에게 항상 읽게 하는 것이 좋겠다."라고 하여 상당히 오랜 기간을 들여 만들었다. 『삼강행실도』는 1432년에 편찬된다.

설순이 주도한 『삼강행실도』 편찬 과정에서 길재 및 고려의 여러 인물에 대한 평가가 이루어졌다. 『삼강행실도』 수록 대상 충신은 춘추관에서 추천하였다. 1431년(세종 13) 경연 자리에서 『삼강행실도』 「충신도忠臣圖」에 야은을 넣는 것을 논의하였다. 이러한 경연에서의 논의는 가묘의 설치를 둘러싼 논의 과정에서 나온 것이었다. 곧 교화의 측면에서 야은의 「충신도」 수록 언급이 나온

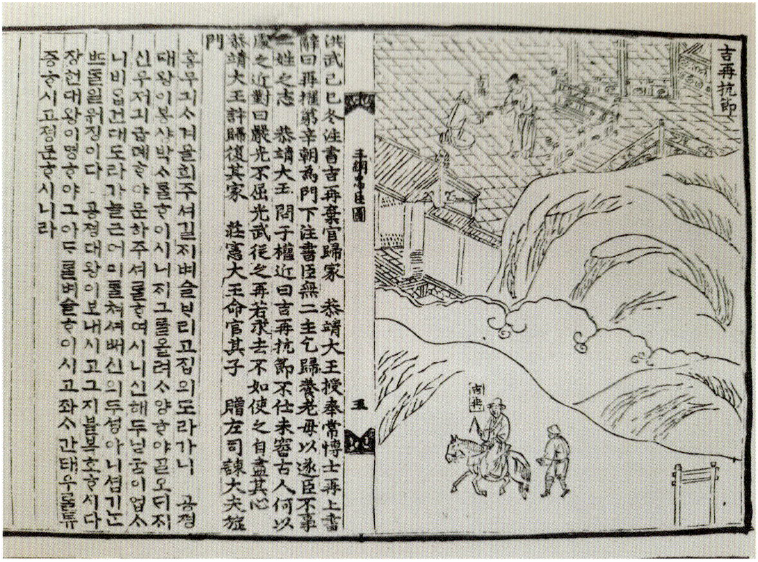

『삼강행실도』「충신도」에 수록된 길재의 절의에 관한 내용

것이었다. 직접적으로는 『삼강행실도』의 수록 대상으로 야은을 거론한 것이었다. 세종이 직접 야은을 수록토록 명하고, 찬술한 「충신도」 안에 얼굴을 그리고 찬을 짓도록 하였다.

2) 길재의 생애를 공유하려 처음 정리하다

길재에 관한 소개는 정종조에 있었지만 그의 생애를 정리한 최초의 공식적인 평가는 『세종실록』의 「졸기」였다. 그는 1419년에 사망하였기에, 그의 사망 시기에 해당하는 때에 「졸기」가 실렸지만 『세종실록』은 1452~1454년에 편찬되었다. 길재가 사망하였을 때에는 임금이 호조에 명하여 부의로 백미·콩 15석과 종이 1백 권을 보내고, 아울러 매장할 인부를 마련해 주게 하였다. 이보다 중요한 것은 이 시기에 길재의 생애에 대하여 종합적인 정리를 하였다는 점이다. 아울러 길재에 관한 「졸기」의 기술은 이 시기 15세기 중엽 길재에 관한 자료가 널리 유포되어 있었다는 것을 의미한다.

> 이색·정몽주·권근에게 나아가 배우고, 국학에 입학하여 생원·진사에 합격하였다. 상왕이 잠저潛邸에 있을 때 입학하여 글을 읽으니, 길재는 한 마을에 살아서 서로 학을 연구하며, 정의가 매우 단란하였다. 길재는 학도를 가르치되 효제충신孝悌忠信, 예의염치禮義廉恥를 먼저 하였다. 그는 『주자가례』를 준용하였으며 재물에 대해서는 관심을 보이지 않았다.

이 「졸기」는 태종과의 관계를 비교적 상세하게 기술하였으며 그의 효와 절의에 대해 상술하였다. 그리고 그는 『주자가례』를 따른 것으로 서술하였다. 어머니가 돌아가시자 상장제사를 주문공의 가례에 의하였다고 하였다. 이 시기 『주자가례』는 실천이 잘되지 않는 모범이었다. 길재의 삶은 지행을 일치시키려는 것이었다.

3) 학문적 위상의 자리를 매기다

길재의 학문적 위상에 대한 공식적 평가는 퇴계에 의해 확정

되었다. 1567년(명종 22)에 중국 사신 허국許國과 위시량魏時亮이 우리나라의 효자와 절의 및 공맹, 심학을 배운 사람에 대하여 물었다. 이에 예조판서 이황이 효자 5인, 충신 5인, 열녀 5인을 거론하고 길재를 포함하여 공맹심학을 한 사람 16인을 말하였다. 열녀로 봉계의 약가藥哥가 거론되었는데, 이는 길재의 영향이 마을과 고을에 미친 사례로 평가된다. 약가는 『속삼강행실續三綱行實』에 등재되어 있다. 같은 자리에 있던 기대승의 경우에도 동일한 평가를 하였다. 특히 기대승은 고려 말의 이색 역시 교화에 큰 역할을 하였음을 말하였다.

1568년 7월에 유희춘柳希春이 기대승, 노수신과 함께 서로 의논하여 우리나라의 십대 유학자를 뽑아 아뢰었다. 우탁禹倬, 정몽주, 길재, 김종직, 김굉필, 정여창, 조광조, 이언적, 김안국, 서경덕이 그들이다. 이때에 유희춘은 우탁·길재·조광조·김안국의 학행을 기록하였다. 유희춘은 길재에 대하여, "학문이 순수하며 의를 좋아하고 예를 존숭한다. 어버이께 효도하고 임금께 충성하고 스승을 높여 신하가 갖추어야 할 세 가지에 모두 극진하였다."라고 하였다.

길재에 대한 이러한 평가는 고정된 것이어서, 17세기에 길재는 중국에서 문의할 경우를 대비한 선현 56인의 이름 가운데 들어 있었다.

4) 영남사림 도학 전승 체계를 정리하다

길재의 학문적 위상에 대한 영남사림이나 전국 학인들의 평가는 동일하였다. "옛 성인을 이어 앞날의 학문을 열었다.[繼往聖開來學]"라고 하였다. 곧 성인에게 배운 것을 후학들에게 가르쳐 전하는 첫머리가 된 학문 전승의 매개라는 것이다. 16세기 영남사림파의 학맥이 형성되고 한편으로 그들 가운데 일부가 관직에 진출하면서 김종직, 김굉필 등에 관하여 거론하며 그 과정에서 길재의 위상을 언급하게 되었다. 앞서 길재의 심학 등을 거론한 것이 전승을 염두에 두고 전개된 것이 아니라면, 이것은 전승의 체계를 두고 거론된 것이었다. 동방 이학理學의 비조는 정몽주이고 그 뒤로 길재–김숙자–김종직–김굉필–조광조로 이어지는 도학 전승 체계 곧 도맥을 형성하였다는 것이다.

이 시기에 오면 "길재는 정몽주의 문인이다."라는 표현도 사용된다. 곧 절의의 문제는 전습과 연원의 문제가 아니어서 정몽주와 길재를 병행하여 언급하지만 도맥을 거론하는 경우에는 문인 여부를 염두에 두는 것이었다.

그러한 도맥에 대한 이해는 굳이 영남사림 안에서의 것만은 아니었고 기호나 후일의 노소론계의 동일한 이해였다. 기대승(1527–1572)의 도맥 설정 그리고 송시열(1607–1689)의 도학 전수 체계 이해도 마찬가지였다. 단 송시열은 조금 다른 생각을 가졌다. 정몽주로부터 조광조에 오는 계통은 정맥이라 할 수 있으나 그 계통 안의 중간 두어 분은 다만 그 단서를 계발했을 뿐이라는 평이다. 송준길 역시 정몽주에서 길재를 거쳐 조광조에까지 이르는 일반적인 도학 전승 체계에 대한 이해를 갖고 있었다. 경상감사 조태억趙泰億은 영남 인재 조용을 거론하면서 영남 인재의 사례로 길재를 들고 있다. 길재는 인재의 부고府庫인 영남의 대표적인 인물 가운데 한 사람이었다. 박세당(1629-1703)은 박세채에게 보낸 편지에 야은·목은·포은을 삼현三賢이라 표현하였다.

길재,
절의의 상징이 되다

2 기억하며 기리다

1) 견관치제遣官致祭하여 길재를 기리다

(1) 조선 전기 기리는 일들을 일으키다

조정에서는 길재를 추증하고 봉사손을 등용하였다. 한편으로는 길재가 『삼강행실도』에 실리고 역대 학자 가운데 대표적인 학자로 선정되며 도학 전승의 중계자로 정리된 생각이 공유되었다. 그와 동시에 선산과 인동에서는 그와 연관된 추숭 사업들이 다양한 형태로 전개되었다. 경상감사, 선산부사, 인동현감 등 지방관들에 의한 추숭 사업이 이어졌다. 묘소와 사당을 정비하고 서원을 세워 제향하였다.

1569년(선조 2)에 인동현감 조천계趙天啓는 묘소를 단장하고 표석標石을 세웠다. 1574년(선조 7)에 경상감사 윤근수尹根壽는 묘제를 드리고 묘역에 담을 쌓았다. 1587년(선조 20) 4월에 인동현감 류운룡柳雲龍은 묘소 아래에 지주중류비砥柱中流碑를 세우고 묘표를 고쳐 세웠다. 그리고 그 이듬해에는 묘소 앞 오태산 기슭에 오산서원吳山書院을 세웠다. 이미 선산에는 1575년(선조 8)에 금오서원이 사액된 터였다. 물론 이 시기 1573년(선조 6)에는 『야은선생행록冶隱先生行錄』이 간행되고 1579년(선조 12)에는 『야은선생언행록冶隱先生言行錄』이 간행되는 등 1570년대에서 1580년대에 이르는 임란 직전에는 어느 시기보다 활발하게 추숭 사업이 전개되었다.

조선국가는 견관치제를 시행하였다. 견관치제는 조정의 관리를 보내어 제사를 드리게 하는 것이었다. 파견되는 관리는 통상 예관禮官이라 불렀다. 이러한 견관치제는 국가적인 차원에서 역사적 정통성의 천명과 유지가 배경이었으며 그리고 그를 주재하는 군주의 왕권 강화 의도가 엿보이는 일이었다.

이름 있는 인물로 기려야 될 사람이거나 혹은 단군과 기자 그리고 조선에 이르기까지의 삼국 시조 또는 고려 등의 시조묘가 그 대상이었다. 거론되는 인물에 따라 일시적이기도 하였지만 길재의 경우 여러 임금의 관심 대상이어서 견관치제가 여러 차례 전개되었다.

선조는 1571년(선조 4)에 견관치제를 하였다. 1577년(선조 10) 봄의 치제에는 사복시정司僕寺正 박응복朴應福이 봉명치제관이었다. 1603년(선조 36) 가을의 치제를 보면 춘추 제향이었다. 이것은 사제賜祭라 하여 묘나 사당에 제사하는 것이었다.

(2) 조선 후기 기리는 일을 이어 가다

조선 후기에는 여러 이유로 조정에서 지방에 견관치제하는 일들이 늘어났다. 조선 후기 길재는 여전히 절의를 상징하는 인물이었으며 그것은 다른 방향에서 보면 충성을 의미하는 것이었다. 절의가 유교에서 개인이 지녀야 할 포괄적인 가치의 문제라면 충성은 특정한 대상과의 관계의 문제였다. 그렇다고 하여 길재를 추숭한 왕들이 자신에 대한 충성을 강조하려 한 것으로 보이지는 않으나 충신 길재를 거론하고 충절이라는 시호를 결정한 사실을 염두에 두어야 할 것이다.

임란을 겪은 이후 전국 각지의 묘소가 황폐해진 것에 대한 대책이 논의되었다. 그 이유 가운데 하나는 자손들이 쇠잔하고 미약하여 분묘 관리를 잘못하였다는 것이다. 이것이 길재의 묘소를 특정해서 말하는 것은 아니었다. 논의 결과 1603년(선조 36)에 전국에 있는 능묘의 상태를 점검하였다. 각 고을이 나서서 수리하고 관리해야 하는 대상 가운데 길재의 묘도 포함되었다. 경상도의 여러 묘를 거론하면서 인동에 있는 고려의 충신 길재의 묘를 거론한 것이다.

1603년에는 길재·정몽주 같은 선현의 사묘에 관원을 보내 치제하는 예를 차렸다. 그것은 규정에 따른 것이었다. 예관의 선발은 이조가 천망단자를 올리면 왕이 그에 대해 비답을 내리는 절차로 진행되었다. 치제관은 근시나 홍문관 관원으로 택할 것을 전교하여 홍문교리弘文校理 조탁曺倬이 봉명치제奉命致祭하였다.

1623년(인조 1) 9월에 길재의 묘소에 치제하였다. 숭인전崇仁殿·숭의전崇義殿·충현사忠賢祠와 정몽주의 묘소 등에도 예관을 보내어 치제하였다. 이듬해인 1624년에는 예조정랑 권성오權省吾(1587–1671)를 예관으로 영묘에 치제하였다. 그 「사제문賜祭文」이 전해진다.

1663년(현종 4) 7월의 치제는 금산의 성곡서원을 사액하면서 치제한 것이다. 예관으로 정동엽鄭東燁이 제향하였다. 1669년(현종 10)에는 오산서원을 사액하고, 이곳에서 치제하면서 남궁옥南宮鈺(1620–1699)이 예조정랑으로 예관을 맡았다. 지속되는 사액 요청에 사액 결정을 하면서 동시에 견관치제토록 하였다.

숙종은 1707년(숙종 33) 길재의 후손을 찾아서 등용시키라는 명을 내리고, 자신은 오언절구를 지어 의빈시에 내려보낸 다음 영의정 최석정과 이조판서 조상우에게 화답하는 시를 지어 바치도록 명하였다. 이 어필 어제시는 후일 『신규상절첩宸奎尚節帖』이라 불렀다.

『영조실록』을 보면 1738년(영조 14) 9월에 임금이 길재에게 치제하고 후손을 녹용하게 하였다는데, 『국조보감』에는 이때 봉사손 녹용만 받아들인 것으로 기록되었다. 영조는 1739년(영조 15)에 박첨을 예관으로 삼아 견관치제하였다. 문집에는 「견예관선시제문遣禮官宣諡祭文」이라 이름을 달았으나 이는 뒤에 붙인 이름이다. 이것은 「사제문」이다.

영조는 1768년(영조 44) 5월 태종의 기제를 맞아 친히 글을 짓고 예조정랑 경재관慶再觀을 보내 금오서원에 제향하였다. 영조는 태종의 기일 치제에서 태종이 옛 시절 살던 곳에서 길재와 함께

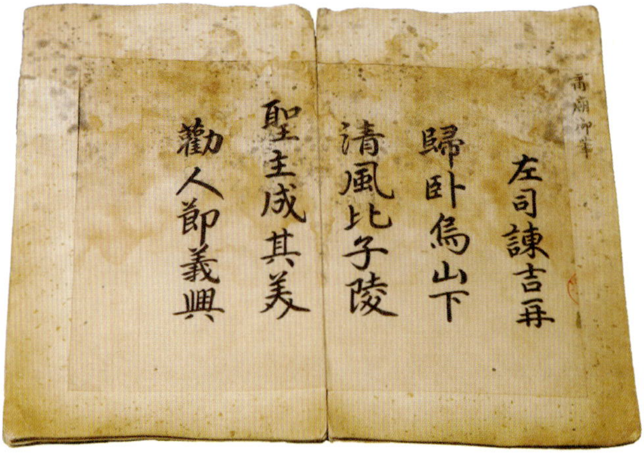

『신규상절첩』(구미성리학역사관 제공)
숙종의 어제시와 신하들의 차운시를 합하여 만든 절첩본이다.

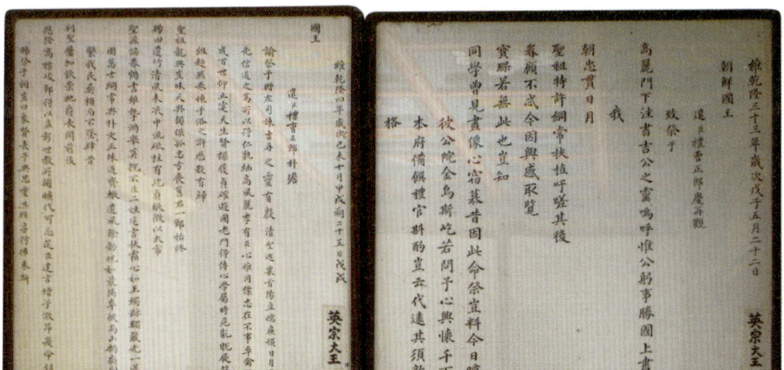

영조의 견관치제문

공부하였던 것을 추념하여 글을 지어 내려보냈던 것이다. 본인이 제문을 내리고 후손을 등용토록 하고 길재의 문집도 들이도록 하였다.

정조는 즉위 이전부터 야은에 관하여 정리된 생각을 가지고 있었다. 정조는 1772년 이상일李商逸과 함께 김육金堉의 『해동명신록海東名臣錄』에서 길재를 포함하여 후세에 귀감이 될 만한 인물 191명을 가려 뽑아 그 언행을 요약한 『해동신감海東臣鑑』을 만들었다.

1786년(정조 10) 10월 낙봉서원洛峯書院을 사액하면서 학문 연원으로 길재를 거론하였다. 낙봉서원은 김숙자를 제사 지내면서 김취성金就成, 박운朴雲, 김취문金就文, 고응척高應陟을 배향하였다. 김취성, 김취문 형제는 박운과 같이 박영朴英에게 배웠고 박영은 정붕鄭鵬에게 배웠고 정붕은 김굉필에게 배웠는데, 모두 김숙자에게서 근원이 나온 것이다. 고응척은 또 김숙자의 제자한테서 배워서 모두 같은 연원에서 전수를 받은 셈이었다. 정몽주에게서 길재 그리고 김숙자로 이어진 학맥이 선산에서 맺은 열매였다.

1798년(정조 22) 2월에는 선산의 김주金澍의 시호를 의논하고 그의 사당 상의사尙義祠에 치제토록 하였는데 이때 길재의 사당 오산사烏山祠에 사제賜祭토록 하였다. 같은 해 9월 정조는 친히 글을 지어 승지 이익운李益運으로 하여금 금오서원에 제향토록 하였는데 이때 오산사에도 치제케 하였다.

고종은 1864년(고종 1) 인동부사 조행림趙行林을 보내어 길재의 묘에 치제토록 하였다.

조선조의 견관치제는 간헐적으로 진행되었다. 특히 몇 차례는 길재 제향 서원의 사액에 따른 것으로, 금오서원·오산서원·성곡서원에서 행한 것이었다. 조선 전기 이래 묘소에 대한 관리는 원칙이고 관례라 하였으나 잘 지켜지지는 않았던 것으로 보이고 묘소나 사당에 보내는 치제도 간헐적으로 이루어졌을 뿐이었다. 선조 연간에 있던 견관치제는 후기에도 이어졌으나 개별 왕에 따라 비정기적으로 진행되었다.

2) 시호를 제정하고 개정하다

시호 제정에 관한 논의는 경상감사 이기진李箕鎭의 요청으로 시작되었다. 그는 비국에서 치제와 시호를 내릴 것을 요청했고, 우의정 송인명宋寅明이 시호를 내릴 것에 동의하였다. 송인명은 현재 길재의 후손이 쇠퇴하여 이 상황이 된 것으로 판단하였다. 영조는 이 당시에는 길재에게 시호를 내리는 것에 동의하지 않았다. 전답을 내리고 대나무를 심어 주어 포장하였지만 그 뜻을 꺾을 수 없었으니 지금 시호를 내린들 무슨 의미가 있겠느냐는 것이었다.

영조의 「행장」에는 1738년 길재의 시호를 내린 것으로 되어 있는데 1741년에 결국 시호를 충절忠節로 결정하였다. 「행장」에서는 시호를 요청하였던 해를 시호를 내린 해로 기록하였다. 선시교지는 건륭 11년 곧 1746년(영조 22) 10월 7일 자의 것이다.

시호를 내린 교지(1746)

1798년(정조 22) 10월에 봉명승지奉命承旨 이익운은 길재의 시호를 개정하자는 의견이 있음을 보고하였다. 승지 이익운이 왕의 명을 받들어 치제관으로 금오서원에 갔었는데, 치제하던 날 도내의 유생 수천 명이 그에게 정단呈單하였던 것이다. 시호 개정 논의의 시작이었다. 길재의 시호는 말 그대로 충절을 상징하는 것이어서 영남의 유학자 입장에서는 학문적 정통과 전승을 염두에 둘 때 적절하지 않다고 판단한 것이었다. 더군다나 영남의 가장 대표적인 학문적 영수인 퇴계가 중국 측 요청에 따른 인물의 분별에서 길재를 심학에 두었다는 것은 이러한 주장의 강력한 근거가 되었다. 이때에 시호 개정 논의가 시작되었으나 그 결과는 나오지 않았다.

세종 때에 길재에 대한 증직이 있었으나, 길재가 고려의 충신으로 언급되는 상황에서 그에 대한 논의는 적절치 않다고 생각하였다. 이뿐만 아니라 순조는 숙종의 어제문을 차운하여 시를 짓고 순조의 아들 익종翼宗은 『삼강행실도』에 실려 있는 길재의 「항절도」를 보고 글을 지었다. 길재의 절의는 조선의 국왕이나 왕자들의 지속적인 관심사였다.

조두순은 정승으로 있을 때에 제사를 드릴 대상 인물로 충절 길재를 말하였다. 조두순은 1853년(철종 4)에 우의정이 되어 1866년(고종 3)까지 영의정으로 재임하였다. 시호의 개정 여부는 알 수 없으나 길재가 국가 차원에서의 제사 대상이었음은 분명하다. 1864년(고종 1) 4월의 『승정원일기』 기록을 보면 그에게 문절文節이라는 시호가 내려졌음을 알 수 있다. 그러나 같은 해 10월 20일 인동부사를 보내어 치제할 때의 시호는 여전히 충절공이었다.

길재,
절의의 상징이 되다

3 후손들, 길재를 따르다

국가적 차원에서 왕권을 강화하기 위해 절의를 강조한다든가 교화를 실현하기 위해 절의와 효행을 표창하고 장려하는 일들은 후손들의 삶에 직접적인 영향을 끼쳤다. 국가는 길재에 대한 추증을 하고 『삼강행실도』를 간행했으며, 정려 등을 통하여 길재의 절의와 효행을 강조하고 알리는 동시에 길재의 사당이나 묘소에 예관을 보내어 견관치제하고 봉사손을 등용하였다. 봉사손 등용은 절의에 대한 국가적 차원의 인정이고 사회적 동의의 표현이었다.

길재가 실천한 의와 예라는 가치의 실천 사례는 조선 전·후기 후손들에 대한 관심으로 나타나기도 하였다. 이로 인해 길재에 대한 견관치제와 봉사손 후손들의 등용에 관한 관심이 유지되었다.

1) 조선 전기 후손들 관직에 나아가다

(1) 봉사손 관직에 등용되다

길사순吉師舜

길재가 세자 시절의 태종의 추천을 사양하고 구미에 머물러 살자, 뒤이어 왕위에 오른 왕들은 그 후손 특히 봉사손을 등용하였다. 후손 등용 방침에 따라 후손 가운데 제일 처음 관리가 된 인물은 길재의 아들 길사순(5세)이었다. 길사순은 세종의 명에 따라서 1418년에 역마로 서울에 왔으며, 『동각잡기東閣雜記』에 종묘부승宗廟副丞을 제수하였다는 기록이 있다. 또한 길재가 위독하여 가족이 길사순에게 연락하려 하자 길재는, "위독하다는 이유만으로 왕을 떠나서 부모에게 갈 수 없다."라고 하며 연락을 만류했다. 이를 보면 당시 길사순이 관리였던 것으로 보인다.

그런데 길사순은 지속적으로 관직에 있을 처지가 못 되었다. 이듬해 4월에 길재가 사망하고 그다음 해인 1420년 1월에 길재를 장사 지낼 때까지 길사순은 구미에 내려와 지냈을 것이다. 1426년(세종 8) 길재가 좌사간대부에 추증된 후 길사순은 관직에 나아간 것으로 생각된다. 1429년에는 내섬판관(종5품)을 지냈다. 1432년에는 별다른 소속이 없었으며 1440년경에는 위의색별좌威儀色別坐였다가 관직다운 관직으로 옮겨 간 것으로 생각된다. 그는 족보에 의하면 선공직장繕工直長, 사재감부정司宰監副正을 지냈다.

길인종吉仁種

세종을 이은 문종은 1450년 즉위하는 해에 길재의 손자인 길인종(6세)에게 "나이가 스무 살이 차기를 기다려서 관직을 제수하라."라고 하였다. 문종은 단명하였으며 잘 알려진 바와 같이 단종에 이어 세조가 등극하였다. 1457년(세조 3) 실록 기사에 그가 녹사였으며 원종공신原從功臣의 3등에 녹훈되었다는 기록이 보인다. 이 공신에 대해서는 어느 자료에도 등장하지 않는다. 물론 1455년에는 좌익공신이 책봉되었고, 1457년에는 금성대군 등의 단종 복위 운동을 저지하고 왕권을 강화하던 시기여서 공신 책봉이 있었을 것으로 짐작할 수 있다. 그러나 심지어 족보에도 그의 녹훈 관련 언급이 없다. 1477년(성종 8) 길인종은 북부주부北部主簿였으며 그 이듬해 정월에 임피현령으로 임명되었다.

길대수吉大樹

연산군은 1502년(연산군 8) 길대수(7세)를 서용하라고 명하였다. 길재의 후손을 녹용하는 것이 조정의 원칙처럼 되었기에 대수가 상언하여 서용하기를 청한 결과였다. 연산군은 이듬해에 홍문관 관원들에게 길재의 절개에 대한 시를 짓도록 하였다. 길대수는 예빈시직장禮賓寺直長을 지냈다. 조선 전기 길재의 사손祀孫 등용은 여기까지이다. 사순(5세)-인종(6세)-대수(7세)에 이르는 3대가 봉사손으로 관직에 나아갔다.

길대수의 계자繼子 길정지吉挺之(8세)는 학행으로 이조참의에 증직되었다고 족보에 전한다. 그 아랫대인 근謹(9세)—종선宗先(10세)—관琯(11세)까지는 봉사손의 관력이 없다. 12세인 진구震龜에 가서 다시 드문드문 이어 갔다.

중종 대에 길재의 사당 건립과 봉사손 등용 요청이 있었으나 결과를 얻지 못하였다. 1510년(중종 5) 석강 자리에서 이자李耔는 정몽주·길재의 사당을 세울 것을 청하였다. 동시에 후손 녹용을 주장하여 예관들에게 검토토록 하였다. 중종은 길재의 후손을 녹용하는 것은 논의조차 불필요한 당연한 일이라고 생각하였다. 중종은 성삼문과 박팽년의 일은 대신과 의논해야 하겠으나 정몽주와 길재의 일은 물을 필요조차 없는 일이기에 그 후손을 등용할 수 있다고 하였다.

이러한 논의는 『속삼강행실도續三綱行實圖』 편찬과 관련하여 함께 나온 것이었다. 이때 성삼문과 박팽년을 『속삼강행실도』에 등재하려 하였으나 당대의 일이라 하여 더 이상 진전을 보지 못하고 그쳤다. 사기士氣를 일으키려면 절의를 숭상해야 한다는 명분의 목적을 이루지 못하였다. 그 논의 결과로 인한 봉사손 등용에 관한 기록은 찾기 어렵다.

(2) 후손들 관직에 나아가다

길재의 후손들은 봉사손 등용뿐만 아니라 관직에 진출한다든가 문중의 일에 봉사한다든가 하는 여러 활동을 하였다. 아울러 향촌에서 학문을 닦아 지역에서 향유鄕儒로 이름을 얻기도 하고 효열로 이름이 나기도 했다.

길회吉誨

조선 전기 금삼동 출신의 대표적인 인물은 길회(9세, 1549~1593)였다. 그는 외숙 최응룡崔應龍에게서 배웠다. 최응룡은 박영朴英·이황에게 글을 배웠고, 박운·김취문 등과 교유하였으며 야은의 「행록초간발문」을 지었다.

길회는 한강寒岡 정구鄭逑와도 도의지교를 쌓았으며 예에 관한 의문이 있으면 서로 의논하였다고 전한다. 정구 역시 예에 관한 관심이 매우 깊었던 인물이고 예치론을 주장하면서 여러 사람들과 예에 관한 의견을 나누었다. 이들은 선산과 성주 지역의 대표적인 학자이자 관료였다.

1570년(선조 3) 선산부사 윤지형尹之亨이 금오서원을 세웠을 때에 생원이었던 길회에게 야은 선생의 행장을 써서 판목에 새기도록 하였다. 아울러 그는 어느 시기에는 금오서원의 제에 참례하여 향사문을 짓기도 하였다. 문중의 대표적인 인물이었던 까닭이다.

길회는 1577년(선조 10) 알성시 문과에 병과로 급제한 뒤 성균학유成均學諭 등 여러 벼슬을 역임하였다. 신창현감新昌縣監으로 나가기도 하였는데 최현崔晛은 그의 행정 통치를 가리켜 청간淸簡하다고 하였다. 길회를 청간하다고 한 것은 그의 증조 길인종에 대한 점필재의 평가와 방불하니 극찬인 셈이다. 1592년(선조 25)에 길회는 형조정랑을 제수받았으며 임진왜란이 일어나자 세자의 분조分朝

에 수행했고, 이듬해 헌납獻納·장령掌令·직강直講 등을 역임하였다.

길회의 「묘갈명」을 지은 이는 최현이다. 최현은 정구·고응척의 문하에서 수학하였다. 그는 길회의 외가 재종질再從姪인데 1614년(광해군 6)에 『야은선생행록冶隱先生行錄』을 교수校讎하였다. 그는 박수일朴遂一을 길회의 동문으로 꼽았다. 박수일 역시 이황과 노수신을 찾아가 공부하였던 인물이다. 최현은 길회의 「묘갈명」에서 그의 공훈에 관하여 기록하면서, 1603년(선조 36)에 그의 호종 공훈을 추록하여 원종일등原從一等 공신이 되었다고 하였다. 임진왜란에서 1592년 왕을 호종한 사유로 호성공신扈聖功臣들이 책록된 것은 사실 1604년(선조 37)이다. 이항복 외 1인이 1등, 이후李珝 외 30인이 2등, 정탁鄭琢 외 85인이 3등으로 책록되었다. 이를 호성공신이라 하였다. 그런데 위의 호성공신의 정공신에 관한 기록은 간혹 있으나 원종공신에 관한 기록은 어디에도 없다. 최현이 없는 일을 기록하였을 것이라고 생각되지는 않는다. 그런데 이 시기는 길문吉門으로서는 대단히 어려운 시기였다. 1601년(선조 34)의 제주도 역모 사건이라는 이른바 신축지변辛丑之變이 있던 직후였다.

1601년의 신축지변은 길회의 아들 길운절 역모 사건이었다. 처음에는 사건을 신고한 고변자인 줄 알았던 길운절이 함께 모역한 것으로 판명되었다. 처음에는 그가 사는 곳을 선산으로 알고 조처하였다가, 그가 사는 곳이 개령으로 밝혀지면서 개령현을 10년 동안 강등하는 조처가 취해졌다. 개령현은 1601년 혁파되어 금산군 소속이 되었다가 1606년(선조 39)에 금오산성의 방어 시설을 축조하면서 선산부로 소속을 옮겼다. 그리고 1609년(광해군 1)에 복현되었다.

통상 이러한 사건이 발생하면 관련자의 출생지나 소거지의 수령을 파직하고 읍을 10년간 강등 조처하며, 그 기간 동안 읍의 인물들이 과거 시험에 응시할 수 없도록 제한하기도 한다. 그럼에도 불구하고 역모 사건의 선고先考가 1603년 호성원종공신으로 추록되었다는 것은 쉽게 이해하기 어렵다.

길흥선吉興先

1587년(선조 20) 지주중류비를 세울 때에 문중을 대표하여 유사로 참여한 사람은 길흥선(10세)이었다. 그는 초명이 운득云得인 금삼동의 길구의 직손 길겸吉謙의 첫째 아들이었다. 그는 임란 후 문집을 중간할 때에도 문집 수습에 나선 인물이다.

2) 조선 후기 후손들 관직에 나아가다

(1) 봉사손 관직에 등용되다

길진구吉震龜

길진구(12세, 1650-1717)는 생부가 길서吉瑞(1619-?)이다. 길서는 자를 군신君信이라 하였고, 무과 출신으로 연일현감延日縣監을 지냈다. 진구는 그의 첫째 아들이었으나 10세 종선宗先의 첫째 아들 관琯에게 출계하여 종손이 되었다.

1707년 숙종은 길재가 사후에 증직된 일을 거론하면서 후손을 찾도록 명하였다. 경상도에 물어서 3개월 뒤 10월에 길재의 자손을 녹용하라는 명령이 내려졌다. 길진구는 숙종의 견관치제 시에 문중을 대표하여 「어제시御製詩」를 봉안하였고 청하현감淸河縣監으로 임명되었다.

길연吉埏

1727년(영조 3) 길재의 봉사손을 녹용하도록 요청하여 그대로 따랐다는데, 이 시기의 봉사손은 길상태吉尙泰(13세, 1675~1753)이다. 족보 등 어디에도 길상태가 벼슬을 하였다는 기록은 없다.

1738년(영조 14) 9월에 임금이 길재에게 치제하고 후손을 녹용하도록 명하였다. 경상감사 이기진의 요청으로 시작된 시호 제정 논의가 결과를 얻지 못하고 송인명 등이 후손들의 어려운 처지를 설명하면서 영조가 일단 봉사손 등용을 명한 것이다.

1739년(영조 15)에 영조는 박첨朴瞻을 예관으로 삼아 견관치제하면서 길상태의 첫째 아들 연埏(14세, 1700~1765)을 음서로 행익릉참봉行翼陵參奉에 임명하였다. 그는 영묘 이건 시 위패 환안문을 지었으며 금산의 불이유허비를 세울 때에 종손으로 참여하였다.

박규수는 그의 『환재선생집瓛齋先生集』에 실린 조두순의 시장諡狀에서 정승이었던 조두순이 길충절공의 사손祀孫을 녹용한 것을 공으로 적었다. 철종 말년에서 고종 초년의 일일 것이다.

조선 후기 봉사손의 등용은 더 이상 없었다. 이 시기 많은 사람들이 후손들의 침체를 걱정하였다. 성호 이익(1681–1763) 역시 길재의 후손들이 침체하였다고 하였다. "길재는 곧은 절개와 높은 이름이 해와 별처럼 빛났으나, 그 자손이 드디어 침체하여 떨치지 못하였고 조정에서도 생각에 두지 않았으니, 실로 국가의 은전에 큰 결함된 일이라 하겠다."라고 하였다. 성호는 조정이 길재의 후손에게 야박하다고 하였다. 지금 가함假銜은 미천한 자도 얻는데 그의 후손 길경조(13세)는 말단 현감이라는 것이었다.

남당 한원진(1682–1751)은 길재의 후손 길경익吉慶益(15세), 길경집吉慶集(15세), 길치겸吉致謙(16세)에게 글을 주었다. 한원진은 후손들에게 야은이 포은이나 목은과 같이 높은 이름을 가진 사람임을 강조하였다. 그러한 만큼 후손들이 좀 더 공부에 매진하라는 이야기이다. 그러한 이야기는 남당의 시를 차운한 병계 윤봉구(1683–1767)도 마찬가지였다. "야로의 이름은 무거워 오히려 태산이 가볍다."라고 이야기하면서 똑같이 공부에 매진할 것을 권유하였다. 이 시기 길문을 바라보는 따듯하면서도 안타까운 눈길이 있었음을 알 수 있다.

(2) 후손들 관직에 나아가다

각 지역에 살고 있는 문중 인물들 가운데 더러는 학문에 정진하고 그 일부는 관직에 나아가기도 하였다. 관직에 나아간 사람들은 문과보다는 무과 출신이 더 많았다. 관직에 나아가거나 그렇지 않거나 간에 향촌에 머물 때에는 효열로 이름이 나기도 하고 종족 내의 사람들을 돕거나 더 나아가서는 야은을 현창하는 데 앞장서기도 하였다. 혹은 지역에 따라 사당을 짓고 기념물을 조성하였다.

길경조吉景祖

금산의 길경조(13세, 1663-?)는 1708년(숙종 34) 식년시 문과를 거쳐 1724년에는 군위현감軍威縣監을 지냈으며 1731년(영조 7)에는 병조좌랑을 역임하였다.

길창거吉昌擧

금산의 길창거(14세, 1688-1759)는 호가 동강처사桐江處士인데 효행으로 이름이 높았다. 그는 1789년(정조 13) 효자와 열녀에 관한 특별 보고서인 「효열별단孝烈別單」에 등재되었는데, 예조에서 제외시킨 「효자치지별단孝子置之別單」에 들어 포장되지는 못하였으나 많은 사람들이 그의 효행을 칭찬하였다. 호론湖論의 대표적 인물인 윤봉구는 그의 묘표를 지었으며 홍석주洪奭周(1774-1842)는 「길효자전」을 지었다.

1811년(순조 11)에 정려되었다. 아들 경집慶集(15세, 1711-1785)이 편집한 동강처사의 문집이 있다.

길면주吉冕周

금산의 길면주(18세, 1797-1871)는 효우를 수신의 근본으로 삼고 집안을 근검하게 다스려 자손들을 이끌었다. 여러 사람들에게 학문을 권하였다. 1858년(철종 9) 『야은선생집』 편찬을 위해 송내희에게 수교를 부탁하였다. 그는 증가선대부공조참판겸동지경연사감춘추관贈嘉善大夫工曹參判兼同知經筵事監春秋館으로 추증되었다.

그의 부친 길사홍이나 그의 첫째 아들 종우鍾祐(19세), 둘째 아들 종형鍾珩(19세)도 모두 관품을 받았다. 특히 둘째는 효덕이 높다 하여, 향당에서 그를 추모하여 계를 만들어 서면에 비를 세우고 춘추로 제를 지냈다.

길혜적吉惠迪

길혜적(13세, 1625-?)은 다른 친족보다 장수하였다. 조선 사회에서는 나이가 들면 기로연耆老宴을 베풀기도 하고 실직實職이 아닌 노직老職으로 관품을 수여하기도 하였다. 노직으로 가의대부嘉義大夫를 제수받았던 그가 1725년(영조 1)에 동지중추부사에 임명된 것은 그의 나이가 103세였으며 길재의 후손이었기 때문이다. 그에게는 정헌대부正憲大夫 품계가 제수되었다. 조부 길대운吉大雲은 유업儒業이었고, 증조부 길윤상吉潤祥은 성균관 생원시에 입격하였다. 아버지 길여협吉汝挾은 성균관 생원을 거쳐 1672년(현종 13)에 감시 초시 장원이었는데 노직으로 첨지를 지냈다. 백세 이상이라는 그의 나이에 길재의 후손이라는 점을 참작하여 한 계급 높이 제수하였다. 길혜적의 가까운 선대는 모두 유학을 공부하는 분들이었다.

길상의吉尙義

선산의 길상의(13세, 1684-?)는 1717년(숙종 43) 식년 무과 출신으로 참하무겸參下武兼에 제수되었고, 진해현감鎭海縣監, 사천현감泗川縣監을 거쳐 1731년(영조 7) 훈련원 판관, 1732년(영조 8) 도총경력都摠經歷이 되었다.

그는 영조의 윤대에 도총경력으로 응하였는데 그 자리에서 길재 후손들의 출신이 거론되었다. 영조는 윤대하면서, "그대는 무관으로 되돌아왔는가?"라고 물었다. 길상의가 아뢰기를, "신의 조부 길서가 무과 출신으로 연일현감에 이르렀는데 소신이 또 무관이 되었습니다."라고 하였다.

왕은 그가 길재의 후손임을 알고 그에게 무과로 돌아갔는지를 물은 것이다. 영조가 알기에 길재의 후손 가운데 상당수가 무과 출신이라는 이야기이다.

길인화吉仁和

맹산에 사는 길인화(16세, 1670-1758)는 자가 양숙良淑·경숙敬淑이고 호는 입암笠巖이었으며, 관서대로關西大老라 불렸다.

그는 이수언李秀彦이 1689년(숙종 15) 기사환국으로 초산楚山에 유배되었을 때에 그에게서 수학하였다. 1708년(숙종 34) 생원시에 합격하고 그 후 진사시에도 합격하였다. 1714년(숙종 40) 평안도어사 여필희呂必禧가 도를 순시하고 관서의 풍속에 대하여 비난하는 장계를 올린 것에 대하여 소척疏斥한 사건은 큰 반향을 불러 일으켰다. 길인화 등이 어사의 비난을 반박하는 소를 올리자 승정원 등은 어사의 서계를 비난하는 것은 옳지 않다고 하여 받아들이지 않았다. 그러자 이들은 승정원을 배척하는 상소를 또 올리는 등 지속적으로 상소하였다. 결국 어사의 비난과 길인화 등의 어사에 대한 비난을 함께 배척하는 것으로 정리되었다.

이 일로 길인화는 뜻을 굽히지 않는 인물로 이름을 얻었다. 그는 어사 상계 소척 사건 이후에도 생원 신분으로 생원·진사·유학幼學 등이 주도하는 공론 형성에 직접 참가하였다. 예를 들어 1721년(경종 1) 태학생 윤지술이 국가의 대사를 논하다가 말 때문에 죄를 얻어서 사형에 이르렀는데, 그의 신원 운동에 이름을 올렸다.

그는 1725년(영조 1) 남부참봉南部參奉, 제용감부봉사濟用監副奉事를 거쳐 이듬해에는 상서원부직장尙瑞院副直長이 되었고 1727년(영조 3)에는 상서원직장尙瑞院直長이 되었다. 앞서의 어사 상계 사건의 공으로 지역 사람들이 수도재修道齋를 건립하고 영묘에 별제입암선생유상別提笠巖先生遺像을 봉안하고 춘추로 향사를 지낸다. 『입암집笠巖集』은 현전하지 않는다.

길세환吉世煥

맹산에 사는 길세환(20세, 1666-1742)의 호는 석로선생石老先生이다. 학행과 도덕이 관서의 으뜸으로 꼽힌다. 그는 경섬經贍 양고兩庫를 세웠다. 40년간 향교 교수로 재직하였다. 관서의 명사들이 그 문하에서 나왔다. 『맹산읍지』「인물」 조에서는, 조모를 17년 동안 모시고 돌아가신 다음에도 『주자가례』를 준용하여 장례와 제례를 극진히 하였다고 한다. 관찰사 김시형金始炯이 장계를 올리고 영의정 김재로가 1743년(영조 19)에 왕에게 계를 올려 통덕랑사헌부지평通德郎司憲府持平으로 추증하였다. 관서의 선생님[關西夫子]이라 하였다. 『남대록南坮錄』이 있으며 석로사石老祠에서 제향한다.

(3) 배우고 익혀 조선의 길을 따르다

길문에서 현재 기록에 남아 있는 문무과 합격자의 수는 대단히 적다. 그중에서도 문과는 극히 적으며 무과 출신자들이 상당 수를 차지한다. 조정에서는 일부 봉사손만을 등용하였으며 전체 문중에서 관력을 가진 사람이 많다고 하기 어렵다. 그러나 비록 과거에 나아가지는 않았으나 이름 있는 선생을 찾아가 수학하고 지역에서 향유로 이름난 사람들이 적지 않았다.

현재 남아 있는 『국조문과방목國朝文科榜目』과 『문음진신보文蔭縉紳譜』 등의 기록에 따르면 문과 합격자는 길겸吉謙(9세), 길회吉誨(9세), 길경조吉景祖(13세), 길현범吉顯範(21세), 길진오吉鎭五(21세), 길진국吉鎭國(21세), 길이원吉履元(22세) 정도이다.

『문무과방목』 등에 기록된 무과 합격자는 길형吉逈(7세), 길서吉瑞(11세), 길기해吉起海, 길상의吉尚義(13세), 길흥방吉興芳(한성 거주), 길세방吉世芳, 길필형吉弼亨, 길봉기吉鳳基(19세), 길은춘吉殷春, 길의

현吉義賢, 길치덕吉致德, 길명래吉命來, 길의척吉義倜 정도이다. 족보의 길흥방吉興邦(15세)은 맹산에 거주하는 무과 출신자였다.

이들 이외에도 길원吉遠(7세), 길사원吉士元(12세), 길홍덕吉弘德(16세), 길유형吉有亨(16세), 길우규吉禹揆(17세), 길태형吉泰亨(17세), 길여종吉汝宗(17세), 길사서吉嗣瑞(17세), 길응삼吉應三(18세), 길만필吉萬必(19세), 길후인吉厚仁(19세), 길사백吉嗣伯(19세), 길봉기吉鳳基(19세), 길상중吉尚中(19세), 길응점吉應漸(20세), 길익주吉翊柱(23세), 길삼주吉森柱(23세), 길찬주吉燦柱(23세), 길훈吉燻(24세)이 무과 합격자로 추정된다.

길문의 관력 가운데 특이한 것은 참봉이 많다는 것이다. 전국에서 사는 곳마다 능과 전에서 참봉을 하였다.

덕릉德陵-길대연吉大淵(7세)
순릉純陵-길인지吉麟之(8세), 길이장吉而章(10세)
집경전集慶殿-길영吉詠(9세)
숭인전崇仁殿-길종겸吉從謙(9세), 길계무吉繼武(13세)
기자전箕子殿-길천우吉天佑(13세), 길경운吉慶雲(16세)
익릉翼陵-길연吉埏(14세)
현릉顯陵-길응두吉應斗(18세)
장릉章陵-길민익吉民益(19세)
의릉懿陵-길세우吉世佑(19세)
재릉齋陵-길두석吉斗錫(20세)
후릉厚陵-길태석吉台錫(20세)
지릉旨陵-길성진吉聖鎭(20세)
동명왕릉東明王陵-길언吉彦(25세)

그 밖에 길상태吉尙泰(13세), 길상협吉尙協(13세), 길이충吉以忠(16세)이 참봉이었고 길인화(16세)가 남부참봉이었다.

적지 않은 인물이 향유로 이름을 얻었다. 길정지吉挺之(8세)는 회재晦齋 이언적李彦迪 선생의 문하에서 수학하였으며 학행으로 증직되었다. 길면지吉勉之(8세)는 성균생원成均生員이었으며 송당松堂 박영朴英 선생의 문하에서 공부하였다. 소과에 들었으나 과거에 나아가지 않았다.

길상형吉尙衡(13세)은 미호美湖 김원행金元行, 늑천櫟泉 송명흠宋明欽 양 선생의 문하에서 공부하였다. 길규吉奎(14세)는 왕담旺潭 주朱 선생의 문하였다. 길경회吉慶會(15세)는 비록 동몽교관이었으나 학문이 고명하였다 한다.

길이상吉履祥(16세)도 학행으로 도의 추천을 받았다. 길치겸吉致謙(16세)은 경학에 밝아 태학에 들어가 공부하였으나 벼슬에 나아가지 아니하고 송명흠, 윤봉구, 한원진 등 여러 선생의 문에 나아가 공부하였다. 길만보吉萬輔(18세)는 문학에 이름이 높았고 길봉장吉鳳章(19세)은 시와 예에 이름이 높았다. 길병현吉秉玹(21세)은 주연재朱淵齋의 문인이었다.

(4) 장흥에서 길재를 따르다

길문은 앞서 본 바와 같이 조선祖先을 현창하는 일과 문중 안에서 서로 돕는 데에 큰 관심을 가진 인물이 곳곳에 있었다. 장흥에는 야은 영당이 있고 1900년에 지은 강당이 있었다.

장흥에서 야은 기념 사업에 큰 기여를 한 사람은 길세우吉世佑(19세, 1846-1914)와 길성진吉聖鎭(20세, 1857-1916)이었다. 길세우는 1892년(고종 29)에 의릉懿陵참봉을 제수 받았다. 통정에 오르고 오위장에 올랐는데 그는 조선봉사에 힘을 다하였다. 야은 선생 영당과 강당을 창건할 때에 재물을 내어 종중을 크게 도왔으며 특히 친족들에게 경제적인 도움을 주었다. 길성진은 1900년(광무 4) 야은 선생 영당 아래 강당을 세워 동은 양지養志, 서는 흥학興學이라 하였다. 일향에서 경모하여 춘추로 제를 지내어 기념하고 있다.

강당의 건립 목적은 후학 양성으로 보인다. 길성진은 단순히 경제적인 부조에 그치지 않고 후손들의 학문적 소양을 증진하기 위한 일을 하였다. 길문의 유지와 향촌사회 안에서의 위치의 재생산은 후손들이 학문에 뜻을 세우게 하고 흥학하는 데 있다고 판단한 것으로 생각된다. 이곳에서 7세 길원吉遠, 길형吉逈 형제의 무과 급제 이후 20세까지 문무과 출신자가 보이지 않는 것이 혹 배경일 수 있겠다. 곳곳에 거주했던 그의 후손들은 각 지역에서 유독 효행이나 부인들의 열녀 관련 행적으로 이름을 올렸는데, 특히 장흥에는 다른 지역보다 효행과 열녀로 이름을 올린 사람들이 많았다.

조선봉사나 종족 간의 상호 부조는 전국에 흩어져 사는 문중의 공통 관심사였다. 각 파별로 전국 각지에 흩어져 살면서 방계의 제위 제사를 모셨으나 지역에 따라서는 분묘가 퇴락하였다.

영변의 길시균吉時均은 전국에 산재한 자손을 순회·심방하면서 호소하여 1953년도에 사초莎草 및 위토를 매입하고 석상과 비석을 건립하려 모금하였으며 매년 시제時祭에 제관을 파견하는 일에 앞섰다.

제5장

길재를 기억하다

길재를
기억하다

1 길재의 기록을 남기다

1) 길재 기록과 글씨

길재에 관한 조선 전기의 기록으로는 『삼강행실』·『여지승람』과 권근의 『양촌집陽村集』, 김종직의 『이존록彝尊錄』, 성현의 『용재총화慵齋叢話』, 유희춘의 『속몽구續蒙求』 등을 꼽는다. 여기에 실록의 「졸기卒記」가 있다.

조선 후기 숱하게 많은 저서에서 길재를 거론하였다. 조선 후기의 역사서는 전기의 기록을 참고하여 서술하였다. 그 가운데 『국조보감國朝寶鑑』, 『동사강목』, 『청장관전서青莊館全書』 등의 내용이 비교적 풍부하다. 그리고 『동각잡기東閣雜記』, 『명신록名臣錄』 등을 인용한 『연려실기술燃藜室記述』을 들 수 있다.

조선 전기에 편찬된 역사서 『고려사』나 『고려사절요』에는 길재에 관한 서술이 없었다. 조선 후기의 역사서는 고려 시기를 다루면서 해당되는 시기의 길재를 서술 대상으로 삼았다. 『동사강목』은 창왕 11월 기사에서 우왕과 창왕을 죽인 것을 기록하면서 그에 대한 반응으로 길재가 3년 동안 방상을 입었음을 기록하였다. 그리고 길재의 귀향을 기록하였다. 고려의 역사로 보아 길재의 귀향은 기록 대상이 되기 어려웠다. 그러나 조선의 입장에서 기록한 『동사강목』은 길재에 관한 상세한 기록을 가능하게 하였다.

(1) 길재의 글씨

조선 시대에도 길재의 글이나 친필 자료들은 큰 관심이 가는 것 가운데 하나였다. 길재의 시가 어디에 실려 있는지에 대한 정보를 서로 주고받기도 하였다. 김윤식(1835-1922)은 28자의 글을 조심스럽게 살핀 후 그것이 길재의 집에서 전해진 유묵이라고 확신하면서 소감을 적었다. 흐릿하기는 했지만 '길야은서吉冶隱書'로 추정되는 글씨가 종이 뒤에 적혀 있었던 것이다.

오세창(1864-1953)은 선인들의 묵적 가운데 서간류의 소품들을 묶어서 총 34책의 첩장본 2부를 만들었다. 하나는 서울대학교 규장각 한국학연구원에 『근역서화징槿域書畫徵』이라는 책명으로 소장되어 있으며, 다른 하나는 『근묵槿墨』이라는 이름으로 성균관대학교 박물관에 소장되어 있다. 그 안에 진적이 들어 있고 대학 박물관 몇 군데에 편지 등이 소장되어 있다.

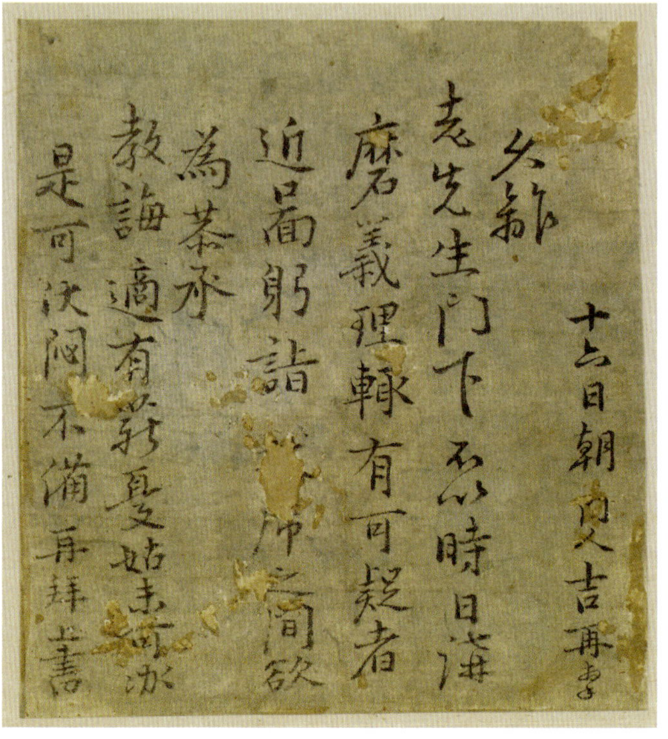

길재 유묵(성균관대학교 박물관 제공)

(2) 관련 유물

구미성리학역사관에서 소장하고 있는 고문서는 길문에 전해오는 문적들이다. 경모각에 보관하던 숙종의 어필 어제시 『신규상절첩』 등이다. 고문서는 대체로 소지류로 알려져 있다. 그리고 『야은언행습유』 책판은 『야은집』의 하나로, 원본은 총 36장으로 추정되나 현재는 35장만 전해지고 있다. 야은역사체험관에는 시호를 내리는 선시교지宣諡敎旨가 전시되어 있다.

한편으로는 금산종가에서 보관하고 있는 「해평길씨세계海平吉氏世係」, 「불이파족보不二派族譜」, 「치호계파보致灝系派譜」, 「제위전분급성표祭位田分給成標」 등의 문서들은 길문 금산종가의 살아온 모습을 살필 수 있는 소중한 자료이다.

2) 야은문집 간행 과정

앞서 거론한 대로 선초에 길재에 관한 글모음들이 만들어졌다. 길재에 관한 남재의 시축은 하나는 절의를 찬미한 것이고 다른 하나는 효행을 찬미한 것으로, 각각 끝에 남재의 서를 붙였다. 그 시축에는 권근이 또 후서를 붙였다. 이와 같이 길재에 관한 글들뿐만 아니라 그의 제자 박서생은 길재 생존 시에 길재의 언행을 찬술하여 『야은언행록冶隱言行錄』을 만들었던 것으로 알려졌다. 박서생은 그 후 길재의 「행장」을 적었다.

1570년(선조 3) 선산부사 윤지형尹之亨이 금오서원을 세우고 서원 주도로 1573년 『야은행록』을 발간하였다. 그 『야은행록』 초간의 발문은 최응룡이 작성하였다. 길회(9세)는 행장을 써서 판목에 새겨 전하게 하고, 향인 상사上舍 이위李瑋를 시켜 유상을 묘사하게 하여 책머리에 실었다. 장현광의 중간 발문에 의하면 『야은행록』은 시와 문 약간 편과 행장 및 여러 사람의 찬영의 글을 합하여 만든 것으로 보인다.

세간에서는 이 『야은행록』을 『야은집』이라 불렀다. 권호문(1532~1587)이 『야은집』에 실린 성석린의 시를 읽고 차운하여 글을 지었다는 것으로 보아 『야은집』은 관심 있는 사람들 손에 들려 있던 책이었다.

(1) 『야은집』 중간重刊

임진왜란을 겪으면서 많은 전적들이 소실되어 장현광 등이 후손들과 상의하여 『야은집』을 중간하였다. 1615년(광해군 7) 길재의 6대손인 흥선興先(10세), 종선宗先(10세) 등이 겨우 남아 있는 1책을 구득해 복간 배포하기로 하였다. 흥선은 문과 출신으로 강진현감을 지낸 길겸吉謙의 아들이고, 종선은 종손이다. 열성의 사제문 및 금오·오산 양 서원의 창설 사실 등을 함께 실었다. 중간은 초간본을 근저로 하여 일부 내용을 보완하는 것이다. 발문은 장현광이 썼다. 이것이 『야은선생언행습유冶隱先生言行拾遺』이다.

이 『야은선생언행습유』도 세간에 전해졌다. 조익(1579~1655)은 이전에 야은 선생의 행장을 얻어서 직접 기록해 20년을 보관하다가 그것과 새로 입수한 습유를 바탕으로 발문을 적었다. 그 자신이 남재의 시에 차운해서 모두 7수를 지은 다음에, 또 선생의 높은 행의行義 가운데 사람들이 알지 못하는 것과 거기에 유래한 근본이 있다는 것을 드러내어 권말卷末에 써서 돌려주었다. 나름대로 길재의 행적을 총정리한 것이다.

(2) 『야은선생속집冶隱先生續集』

1858년(철종 9) 송내희宋來熙(1791-1867)가 수교한 속집이 만들어졌다. 시문과 그 밖에 야은 선생을 언급한 글들을 모아 간략히 편집하였다. 길면주吉冕周의 요청이었다. 같은 해 류주목柳疇睦의 발문에 의하면 이휘령李彙寧이 교정한 것이 있는데 서차를 다시 정리하여 바로잡고 중복된 것을 생략하였다고 한다. 이 시기 속집 발간에는 후손 가운데 여러 사람이 기여하였다. 율리종 길태영吉太榮(17세, 1800-1864)과 금삼동의 길민헌吉民獻(19세, 1807-1864), 종손 길민익吉民益(1834-1925), 길민성吉民聖 등이 편찬 관련 일을 적극적으로 도왔다.

(3) 족보 만들기

현재 길문의 가장 오래된 족보는 1838년(헌종 4)에 만든 『무술보』이다. 그런데 각 지역의 여러 집안에는 그 이전부터 세계도와 같은 것들이 기록되고 전승되었다. 지역에 따라 『가승家乘』이 있었던 것이다. 영변의 승단承丹(8세)에 관한 기록을 보면 『가승』이 있었다. 그 『가승』에는 세계만 기재되어 있는 것이 아니라 간단한 사실도 기록되어 있었다. 『가승』에, "도학을 강습하고 먼저 가르침을 지킨다."라는 글이 있다고 한다. 금산에서도 몇 종류의 세계도를 가지고 있으며, 기존의 세계도에 자신들의 세대와 아래 세대를 첨기하고 있었다. 그 가운데에는 파보라 부를 만한 것도 있었다.

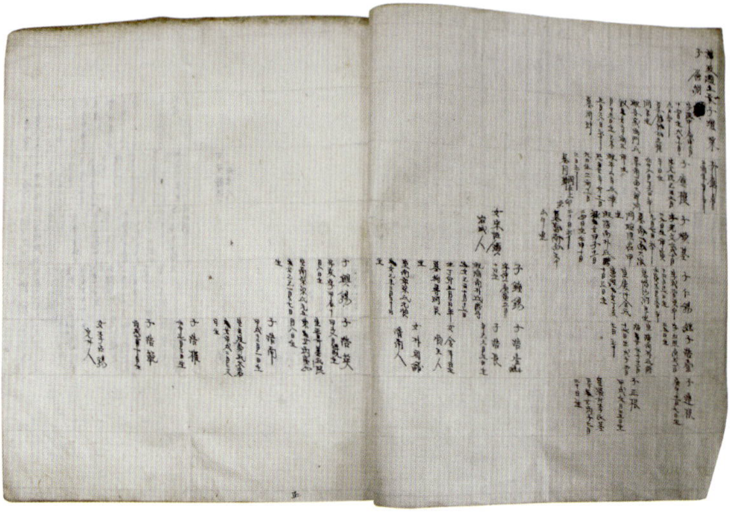

「치호계파보」

이러한 족보 등을 편찬할 때에는 문중의 각종 자료가 이용되는데 그 가운데 『행록行錄』이 있었다. 『경신보』에서는 길계리吉繼李(16세)의 세계를 바로잡은 근거에 대해 설명하면서 「영변향안寧邊鄕案」(1663, 현종 4)과 『행록』 등을 근거로 삼았다. 「구보」에는 교정하여 기록되었다 하는데 「영변향안」, 『행록』 등을 전거로 다시 바로잡는다고 하였다. 지금의 『경신보』는 『무술보』를 저본으로 삼은 것으로 보이는데 이 부분의 기록은 『무술보』를 옮긴 것으로 생각된다.

족보에 싣는 자료로 당대의 것만이 아닌 그 이전의 기록을 이용하고 있음을 알 수 있다. 길경집吉慶集(1711~1785)에 관한 기사에

"지금 임금 갑신 때"라는 내용이 나온다. 이 갑신은 1764년 영조 40년이다. 따라서 이 기록은 족보인지 아닌지 명확하지 않지만 지금 임금이라고 표현할 때인 영조 시기에 만든 것이다.

『무술보』에 의하면 선종과 금종의 합보를 거론하는 것으로 보아서는 각각의 족보가 있었을 것이다. 금산 역시 종족 개념이 강렬한 것으로 보아 독자적인 족보를 편찬하고 있었을 것이다. 이들은 세계도世系圖나 파보 등을 만들어 가문에 대하여 학습하였다. 금산의 길왕근이 소장한 「해평길씨세계海平吉氏世係」, 「치호계파보致灝系派譜」는 불이파의 것으로, 길왕근에 이르는 세계를 알 수 있다. 『무술보』를 옮겨 썼기 때문에 길재에 관한 기록이 현재의 『경신본』(1980)과 일부 차이가 있다. 『경신본』에는 삼은각 등의 기록을 첨입하였다.

1838년 4월에 각 도에서 단자를 모아서 『무술보』를 편찬하였다. 「무술보서문戊戌譜序文」은 이돈우李敦雨의 것인데, 종손 길민익이 「구보」를 가지고 와서 서를 청하였다. 이응휘(18세)의 서문이 있다. 이 족보는 이후 편찬하는 족보의 저본이 되었다.

1847년(헌종 13)의 「정미보」에 관한 기록이 있다. 「정미보」(1847)는 영변파의 파보이거나 혹 앞의 『가승』일 가능성이 높다. 길종지吉從智(9세)에 관한 서술에서 「구보」를 참고하고 있다. 종지의 차서가 백과 중 어느 것이 맞느냐는 문제였다. 각종 기록을 참고로 논증하면서 이 보는 길진국吉鎭國(21세, 1808-1864)이 만든 것이라 하였다. 길진국의 서술, 길종지의 부친 길승단의 비碑 등을 근거로 제시하였다. 아울러 남등파南燈派의 문장 길군주吉君柱에게, 집에 있는 이전에 베낀『입암집笠巖集』권말에 있는 선계先系 기록이 비와 차례가 같은지 질의하였다.『입암집』은 길인화(16세)의 문집인데 거기에도 세계가 기록되어 있음을 알 수 있다. 영변파의 세계일 것으로 짐작된다.

가장 최근에 만든 것은『경신보』(1980)이다. 전국의 해평길씨 합보를 만들기 위해 1955년 2월 말까지 단자를 거두었다. 족보 편찬의 조직 구성을 보면 임원의 주소지가 전국에 분포해 있음을 알 수 있다. 이러한 족보 편찬은 성원의 정체성을 확인시켜 주는 한편 문중의 결속력을 강화해 준다. 보소譜所를 선산군 구미면 도량동 율리전원에 두는 것으로 보아도 해평길씨의 상징적인 중심지는 관향인 해평과 실질적 세거지인 구미의 도량이었던 것이다.

2 길재를 기억하는 공간을 만들다

사람들이 살면서 지키는 의례는 그것을 지켜야 하는 이유와 목적 그리고 의례를 행하는 상호 간의 관계에 따라 그 내용이 결정된다. 사후 관계를 표현하는 의례는 제례이다. 제례는 집안의 가묘에서 행하기도 하고 돌아가신 분이 영면한 장소 곧 묘소에서 행하기도 한다. 또한 제사를 드리는 사람과 제향 대상 간의 관계에 따라 참례자의 범위가 결정되고 혹은 의례에서의 참여 형태가 달라진다.

1) 길문의 분묘에서 조선 사회의 분묘가 되다

묘소는 대단히 중요한 의례의 실천 장소이기에 후손들은 조상의 묘소를 소중하게 생각하고 유지한다. 때로는 문중 간에 장소의 보존을 놓고 시비를 가려야 하는 일이 생기기도 한다. 조선 후기에는 선영을 모신 산을 두고 산송이 일어나 분산수호墳山守護라는 말이 자주 쓰였다. 조선은 국가에서 선초 묘역의 범위를 법으로 정해 조선봉사의 일을 지키고자 하였다. 1623년(인조 1) 9월에 길재의 묘소에 치제하였다. 숭인전崇仁殿·숭의전崇義殿·충현사忠賢祠와 정몽주의 묘소 등에 예관을 보내어 치제하였다. 묘소를 지키는 과정에서 종손뿐만 아니라 문중이 나서기도 하였다. 묘소의 유지를 둘러싼 대외적인 갈등은 문중 안의 결속을 요구하였다.

(1) 분묘 수호 규정과 수호 내용

길재묘吉再墓는 현의 서쪽 14리 오태산吳泰山에 있다고 『신증동국여지승람』 인동현 「총묘」 조에 소개되리만치 고을에서 기억될 만한 중요한 곳이었다. 1420년(세종 2) 묘가 처음 조성되었을 때에는 집안에서 관리하였겠지만 길재에 대한 사회적인 관심이 높아지면서 국가나 사회 차원의 관리 문제가 제기되었다. 특히 길재묘는 인동현감이나 이웃의 선산부사의 큰 관심사 가운데 하나였다.

검토관檢討官 이자李耔(1480–1533)는 1510년(중종 5)에 포은과 야은의 사당을 세울 것을 주장하면서 정몽주와 길재의 묘 수호군 80명을 요청하여 제급하였다. 이 시기 수묘군守墓軍 15명을 정하면 봉족 45명을 함께 제급한 것을 기준으로 할 때, 이는 적지 않은 인원이었다. 문중에서 보관하고 있는 19세기 말의 소지 등에 보면 선초로부터 내려오는 수묘군이 20명이었다고 한다.

『경국대전經國大典』「예전禮典」 상장喪葬 분묘墳墓 조에는 '금경목禁耕牧'이라든지 '금초목禁樵牧'과 같이 분묘를 수호하기 위한 조항이 있었다. 곧 농사를 짓는다든가 가축을 놓아 기른다든가 하는 등의 일로 묘소가 훼손되는 것을 막기 위한 조처였다. 또한 땔나무 채취를 핑계로 묘소 주변의 나무를 베어 내지 못하도록 하였다.

『경국대전』의 묘역 규정은 종친宗親과 문무관을 나누어 정하였다. 종친 1품은 4면 각 500보, 2품은 90보, 3품은 80보, 4품은 70보, 5품은 60보, 6품은 50보였다. 문무관은 같은 관품의 종친보다 10보씩 적게 하였다. 7품 이하와 생원진사 및 유음자제有蔭子弟는 6품과 같이 하였다. 곧 관직에 나아가지 않은 생진이나 조상이 벼슬을 한 자제들은 40보를 한정하는 것이다. 묘소를 보호하기 위하여 장 이후에는 새로 경작하지 못하게 하고 한양의 성 밑 10리와 인가 백 리 안에는 묘를 쓰지 못하게 하였다. 이와 같은 것들은 묘소를 보호하기 위한 조처였다.

길재의 추증 직품이 좌사간대부이면 3품이었다. 『경국대전』의 묘역 규정에 의하면 문무관 3품은 4면 각 70보를 묘역으로 유지할 수 있었다. 사실 이 규정을 따질 필요도 없이 묘역을 확장하여 관리하던 것이 현실이었다. 묘역을 확보하고 주변에 소나무를 심었다. 이러한 소나무를 송추松楸라 하였다. 이렇게 심은 소나무는 산도山圖와 함께, 뒷날 혹 산송이 있을 때에 수호하고 있는 조상의 분산墳山임을 입증하는 증거가 되기도 하였다. 잘 자란 소나무는 훌륭한 목재가 되는 것이어서 이 송추는 곧 경제적 가치로 여겨지기도 하였다.

(2) 무덤을 지키는 사람들

1569년(선조 2) 인동현감 조천계趙天啓는 묘소 주변에 나무를 심고 작은 돌로 묘표를 세워 '고려충신길재지묘高麗忠臣吉再之墓'라 하였다. 경상감사 윤근수尹根壽는 인동현에 명령하여 영역塋域에 담을 쌓아 보호하였는데 그 후 영역이 점차 황폐해졌다. 1585년(선조 18) 봄 류운룡柳雲龍(1539-1601)이 현에 부임하여 가장 먼저 묘를 찾아와서 실정을 알고 묘소를 정비하였다. 앞서 조천계 현감이 묘 앞에 세운 작은 묘표는 선생의 이름을 바로 썼기에 존상하는 일에 어긋난다고 생각하여 '고려문하주서야은길선생지묘高麗門下注書冶隱吉先生之墓'라 고쳐 적었다.

이후 묘비를 몇 차례 다시 세웠다. 1718년(숙종 44)과 1725년(영조 1)에 세운 묘비 2기는 묻혀 있는 상태이다. 묘비를 고쳐서 만드는 경우 앞서의 비를 땅에 묻는 것이 일반적이었고 신주는 묘소에 묻는다고 하였지만 대부분 묘소 인근에 사당을 지어 모시는 것으로 이해하기도 하였다. 현재의 묘비는 16대손 길원석吉元錫과 길명석吉明錫 형제가 1982년에 새로 세운 것이며 15대손 길민창吉民昌이 그 사정을 썼다. 그 밖에 석물들을 세우는 데에는 길배

매장된 옛 묘비 두 기

수吉培壽가 기여하였다.

무덤은 후손만이 지키는 것이 아니었다. 길재의 무덤은 지역뿐만 아니라 지역 외의 사람이라도 관심을 가진 곳이었다. 무덤을 지키기 위하여 나무를 심은 사람은 후손만이 아니었다. 더군다나 인동수령이라면 야은 관련 장소는 큰 관심사 가운데 하나였다. 학사 김응조는 54세에 인동부사로 부임하면서 야은의 묘소를 참배하여 제문을 지었다.

야은 묘소 보수에는 선산과 인동의 민력이 동원되었다. 문중에서는 관리가 필요할 때에 수령에게 요청하였다. 인동뿐만 아니라 선산의 역정을 우선적으로 입역할 수 있도록 요청하였다.

사회의 여러 변화에 따라 묘소 관리에 어려움을 겪기도 하였다. 1855년 고을의 향리가 묘소의 수묘군인 탁학춘卓學春과 김이백金以白의 신역에 대한 역전役錢을 거두려 하자 종손 길문영吉文榮(17세, 1792–1869)이 인동부사에게 소지를 올렸다. 수묘군 면역 조처가 잘 지켜지지 않은 탓이었다. 그 문제는 1871년 대원군이 호포제를 시행하면서 더욱 불거졌다. 대원군이 군포제를 개혁하면서 감역 대상인 수묘군 혜택이 1명으로 줄어들게 되었다. 종손 길민익吉民益(19세, 1834–1905)이 나서서 산지기 1명 이상의 연역을 면제해 줄 것을 요청하였으나 역부족이었다. 길민익은 인동부사와 관찰사에게 소지를 올렸으나 종전과 같은 특전은 없었던 것으로 보인다.

(3) 묘역 유지를 위해 문중이 힘을 모으다

선산의 길문은 같은 곳 특히 묘소 인근에 세거지를 확장하고 있던 인동장씨와 묘역의 수호를 둘러싸고 다툼이 있었고 금오산의 상징성을 두고 평성(선산)김씨와도 갈등을 빚었다. 때로는 묘소 관리를 둘러싸고 관에 호소를 하든지 소송을 내야 하는 일도 있었다. 이러한 문제들을 해결하기 위해 당연히 종가를 대표하여 종손이 나서고 문장門長이 함께 힘을 모았다. 아울러 같은 지역에 사는 길문뿐만 아니라 다른 지역에 사는 이름이 알려진 인물 곧 관력을 가진 인물이 이름을 같이 걸었다. 19세기 말까지도 길재의 명성으로 관찰사들의 우호적인 조처를 끌어낼 수 있었다.

오태에 세거지를 확장하고 있던 인동장씨와의 다툼은 장기간에 걸쳐 여러 차례 발생하였다. 제1차 다툼이 17세기 중엽에 발생하였고 제2차가 1716년, 제3차가 1796년 그리고 제4차가 서원 훼철 이후 1876년에 각각 일어났다. 오태에 세거하면서 묘역 가까이에 집을 짓던 장씨들이 묘역까지 경계를 넓히게 되면서 일어난 사건이었다.

1876년 4월의 소지를 보면 문중에서는 1716년 사건을 제1차 묘역 쟁송으로 알고 있는 것으로 보인다. 그런데 사실 그보다 훨씬 이전에 한 차례 묘역 수호에 대한 요청이 있었다. 정확하게 내용이 알려지지는 않았지만 수령에게 소지를 올려야 할 일이 발생한 것이었다. 전 연일현감 길서(11세, 1619-?)와 유학 길성구(12세, 1626-1682)는 수령에게 묘역을 지켜 줄 것을 요청하였다. 길서가 연일현감으로 나아간 것이 1660년(현종 1)이었으니 이 소지를 올린 시기는 그 이후 어느 때쯤 곧 17세기 중엽 이후일 것이다. 길서는 종손은 아니지만 전 현감이었기에 이름을 올렸고 금삼동파인 길성구는 문장이었던 것으로 보인다.

1716년 12월에는 길경조吉景祖(13세, 1663-?) 등이 소지를 올렸다. 여헌 선생의 후손이 야은 선생 묘소 가까운 곳에 집을 지어 살려고 나무마저 함부로 베어 내니 죄를 엄중하게 물어 달라는 것이었다. 길경조는 길인종의 6자인 길대동吉大同으로부터 내려오는 금산의 예미파曳尾派에 속한 인물이었다. 그는 금산에 사는 전 현감이었는데 어느 곳에 살든 종가의 일은 문중의 일이었다. 더군다나 이때는 강령현감康翎縣監이라는 관력을 가진 때여서 나선 것으로 보인다.

종손인 길진구吉震龜(12세, 1650–1717)는 같은 일로 그 이듬해 1717년(숙종 43) 1월에 관찰사에게 소지를 올렸다. 이러한 일은 한 번에 해결될 수 있는 것이 아니어서 2월에도 소지를 올리고 또 유학인 길상현吉尚玄(13세)·길상의吉尚義(13세, 1684–?)·길상항吉尚恒(13세, 1684–1725) 등이 수령에게 소지를 올렸다. 짓던 집은 철거하는 것으로 처리되었다.

1796년(정조 20)에는 길이종吉履宗(16세, 1762–1810)·길치화吉致華(15세, 1742–1801)·길이안吉履安(16세, 1735–1816)·길이택吉履宅(16세, 생몰년 미상)·길이명吉履明(16세, 1752–1824)·길시영吉始榮(17세, 1751–1832) 등이 같은 내용으로 소지를 올렸다. 길이종은 종손, 길치화는 문장으로 보인다. 길이종·길치화·길이명은 율리종, 길이안·길이택·길시영은 금삼동이었다. 소지를 내는 경우 대체로 이와 같이 종손과 문장이 존위尊位 혹은 두민頭民의 역할을 하는 구도를 가지고 있었다. 종손과 문장 그리고 금삼동의 대표가 함께하였다. 같은 해 9월 수령에게 올린 또 다른 소지를 보면 앞의 요청은 뜻하는 대로 결과를 얻은 것 같다.

1876년(고종 13) 4월에 길민익(19세)·길수영吉秀榮(17세, 1821–1902)·길민준吉民俊(19세, 1818–1879) 등이 인동부사에게 또다시 소지를 올렸다. 1716년(숙종 42)과 1796년에 거듭하여 집을 짓다가 훼철되었음에도 불구하고 인동장씨들이 또다시 집을 지으니 엄중 처벌해 달라는 소지였다. 길민익은 종손이었다. 길문영의 아들 길응면吉應冕(18세, 1814-1853?)이 일찍 사망하여 길민익이 종손이 되었다. 길수영은 문장 격으로 참여한 것으로 보인다. 길민준은 금삼동 길응학吉應鶴의 3자이다. 문제가 바로 해결되는 것이 아니어서, 이들은 같은 내용의 소지를 같은 이름으로 5월에도 몇 차례 올렸으며 관찰사에게도 올렸다.

사건은 쉽게 해결되지 않았다. 1880년(고종 17) 1월에는 길민익·길수영·길민각吉民覺(19세, 1820-?)의 이름으로 인동부사에게 소지를 올렸다. 이들은 관찰사에게도 소지를 올려 서원이 훼철된 이후 경계가 모호한 것을 기회로 삼아 묘역을 침탈하려 한다고 주장하였다.

평성김씨와의 다툼은 위의 묘역 보존 사건과는 성격이 전혀 다르다. 금오산 폭포 가까이에 욕담浴潭과 욕담김선생장리지소浴潭金先生杖履之所라는 글귀를 새겼는데, 그것을 길문이 나서서 파각破刻하여 일어난 사건이었다. 욕담 김공金琪은 어려서는 외삼촌인 류운룡과 류성룡의 가르침을 받았으며 장현광의 문하에서도 배웠다. 특히 장현광의 문도들이 이 금오산의 폭포 아래에서 시회를 자주 가졌으며 김공은 그 웅덩이의 이름을 자호로 삼았다. 그러하기에 평성김씨도 각별하게 생각하는 장소였다.

길문으로서는 금오산이 수양산으로 인식되고 그 상징성이 길재에게만 오로지 집중되어 있었던바, 그 글귀 자체를 인정할 수가 없었을 것이다. 그러하기에 파각했는데, 그로 인하여 나이 든 길수영(17세)이 관에 끌려가 곤장을 맞는 일까지 벌어졌다. 1900년(광무 4) 1월 관찰사 김직현金稷鉉의 우호적인 처사로 사건은 종결되었다.

한편 길재의 묘역은 오산서원과 경계를 같이하고 있어서 묘역의 나무를 둘러싸고 오산서원과도 갈등이 벌어졌다. 1742년(영조 18) 8월에 서원의 원임이 나무를 몰래 베어 내서 이익을 취하고 있다고 길연吉埏(14세, 1700~1765)이 수령에게 글을 올리면서, 나무를 사들인 장씨들도 함께 처벌해 줄 것을 요청하였다. 서원에서 원우를 수리하는 일이 있으면 묘역 인근의 재목을 이용하였던 것으로 보인다. 이 경우에는 그 정도를 넘어 사적인 이익을 도모하였다는 것이다.

이때의 종손은 길연의 부친 길상태吉尙泰(13세, 1675~1753)였는데 길연은 전 참봉의 직함을 가지고 있었기에 이를 해결하는 데에 나선 것으로 생각된다. 이 문제는 바로 해결되지 않았던 것으로 보인다. 전 참봉 길상협吉尙協 등이 10월에 나서서 문제의 배경을 보다 상세히 설명하고 해당자를 처벌할 것을 요청하였다. 원우나 재사에 사용되는 재목에 대해서는 간섭하지 않지만 수리하는 곳은 적은데 원임이 지나치게 많은 양을 베어 팔고 있다는 주장이었다.

1782년(정조 6) 후손들과 서원의 다툼이 있었다. 후손들이 채미정을 보수하려 오산서원 근처의 나무를 베어 냈는데 그것을 서원의 재임이 노비를 시켜 빼앗아 서원에서 쓰려고 했다는 것이다. 이 경우에는 서원 인근의 나무를 후손이 베어 낸 것이라 하였지만 다른 문서에 의하면 서원이 선영 근처의 나무를 함부로 베어 낸다고 처벌을 요청했다고 한다.

1794년(정조 18)에는 서원의 청풍루 영조를 맡은 인물이 묘소 인근의 나무 두 그루를 베어 팔아 이익을 취했으니 처벌해 달라며 길돈吉墩(14세)이 소지를 올렸다.

서원은 묘역까지를 서원의 영역으로 보고 길문이 묘역 내의 나무를 베는 것을 저지하였다. 그럼에도 불구하고 간혹 묘역의 도벌이 일어났다. 1858년(철종 9)에 묘소 근처에 집을 지으려고 묘소의 나무를 벌목하여 문제가 되었다. 종손인 길문영(17세, 1792–1869)은 묘역 금벌 조항을 들어 수령에게 처벌을 요구하였다.

(4) 위토

오태동 지역에 길재의 묘소를 수호하고 제향을 위한 위토 전田 800여 평과 답畓 1,800평이 있었다. 1936년에 이 위토가 잠시의 관리 소홀로 팔렸다가 환수되는 일이 발생하였다. 그 환매 자금을 마련한 것은 전국의 종친들이었다. 그 일을 위하여 길응수吉應壽(18세, 1868–1938), 길응상吉應祥(18세, 1879–1940), 길민창吉民昌(19세, 1916–?) 등 여러 문중 사람이 전국을 순행하였다. 특이한 것은 선산의 금삼동과 율리를 제외하고는 영변파의 참여가 두드러졌다는 점이다.

2) 가묘에서 야은사로

가묘제家廟制는 집안마다 사당을 설치하여 조상의 신주를 모시고 제사하는 제도로서 송대에 정비되었다. 『주자가례』에서는 부모에 대한 삼년상이 강조되었는데 이를 시행할 수 있는 조건이 가묘였다. 『주자가례』에 따라 가묘에서 조상의 제사를 지냄으로써 불교나 무속을 따르던 상제의 습속을 유교식으로 대체하는 것이었다.

가묘 설치는 고려 말기 정몽주 등이 제창하였던 것이다. 1390년(공양왕 2)에 사대부 집안의 제사 절차 등을 정하면서 제사를 적장자손이 주관하고 기제 등을 『주자가례』에 따라서 행하도록 하였다. 그 이듬해에는 가묘제의 실행을 명하였다. 1392년 조선 건국 후 모든 사람들이 가묘를 세워서 조선봉사할 것을 다시 한번 명하였다.

조선 초기에 국가에서는 중앙집권화를 강화하고 유교 가치관의 확장을 위해서 전통적인 자연신앙 및 종교를 유교적인 가묘제와 『주자가례』, 이사제里社制 등으로 대체하려 하였다. 1410년(태종 10) 의례상정소儀禮詳定所를 설치하여 사전祀典을 정비하고 1474년(성종 5)에 『국조오례의國朝五禮儀』를 편찬하여 체계를 갖추었다.

가묘제는 태조 때부터 세종 때까지 활발히 추진되었으나 일반 사대부들조차 적극적으로 시행하지는 않았다. 『주자가례』의 삼년상도 세종 대를 거치며 점차 왕실에서 시행되면서 보급되어

갔으나 15세기 후반에도 민간에서는 불교 또는 무속적인 상제의 유풍이 그대로 지속되고 있었다.

(1) 길재가 가묘

길재가 정종의 관직 제수를 거절하고 선산으로 돌아간 것이 1400년이었고 남재가 길재의 가묘를 지어 준 것이 1403년(태종 3)이었다. 사당은 선산 구미리 율곡동에 있었다. 아직 이 시기는 가묘제가 보급이 안 된 때였다.

1406년에 대사헌 허응이 올린 시무 7조 가운데 가묘 문제가 있었다.

> 『경제육전經濟六典』의 한 조목에, "공경대부에서 서인에 이르기까지 가묘를 세워 때때로 제사 지낸다. 어기는 자는 불효로 논죄한다."라고 하였습니다. 이제 가묘를 세운 자가 백 사람에 한두 사람도 안 되고, 나라의 법령을 따르지 아니하고도 예사로이 부끄러워하지 아니하니, 조금도 사람의 자식된 뜻이 없습니다. 원하건대, 중외에 가묘를 세워야 할 자들로 하여금 금년을 기한으로 하여 독촉하여 세우게 하고, 만일 따르지 아니하는 자가 있거든, 경중에서는 본부에서 외방에서는 감사가 자세히 살펴서 논죄하게 하소서.

이 제도를 따르지 않는 자를 처벌할 때 1년 정도의 유예 기간을 두자는 의견을 덧붙일 정도로 가묘제는 잘 시행되지 않았다. 심지어는 땅이 없어서 사당을 못 짓는 사람에게는 방 한 칸을 이용하도록 하자는 제안을 하였다.

길재는 1415년(태종 15)에 노비 5구와 토지를 내어 사당에 소속시켰다. 1418년(태종 18)에는 토지 5결이 노비 문룡文龍의 이름으로 등재되었다. 이 사당은 앞서의 가묘로 여겨진다. 선산수령 이양이 옮겨 준 율곡동, 이제 율리전원 혹은 율곡이라 부르는 곳이다.

김종직(1431-1492)은 선산의 빼어난 열 가지[십절十絶]를 꼽으면서 길재사吉再祠를 그중 하나로 들었다. 길재에 의해 세상을 사는 가치 기준이 달라져 맑은 바람이 온 누리에 가득하고 신분이 낮은 사람이라도 시를 읊는다는 것이었다.

처음의 사당은 남재가 세운 길재의 가묘였는데 길재 사후 자연스럽고도 당연하게 그 가묘에 길재를 모시게 되어 김종직이 길재사로 불러도 무방하였을 것으로 짐작된다. 『신증동국여지승람』의 「사묘」 조에도 선산부에서 20리 거리의 금오산 아래에 있는 길재사라 하였다. 앞에서 본 바와 같이 이자李耔가 1510년(중종 5) 야은의 사당을 세울 것을 주장하는 시기까지는 우리가 아는 야은사가 건립되지 않았다.

(2) 야은사冶隱祠

사당은 지속적으로 중수되었다. 오래되어 퇴락하여 부사 류덕수가 1583년(선조 16)을 전후하여 중수하였다. 사당 역시 임진왜란으로 피해를 입어 1602년(선조 35) 선산부사 김용金涌이 묘우를 다시 세우고 재사의 각종 도구를 마련하였다. 1602년 10월 19일 제사했다. 이때에 비로소 야은의 종손 종선이 금산으로부터 와서 제향하였다.

야은사 전경

또 김용은 야은의 6대손 흥선興先의 얼자孼子 충용忠勇과 문얼門孼 응용應勇을 면역시켜 대대로 지키게 하였다. 야은의 묘소나 사당을 유지하고 관리하는 것은 지방 수령의 큰 관심사 가운데 하나였다. 태종 때부터 토지 5결을 지급하고 집안의 노奴로 하여금 지키게 하던 일의 계승이었다. 이때는 길문으로 보아서는 대단히 어수선할 때였다. 1601년(선조 34) 길회의 아들 길운절의 고변告變 사건인 신축지변으로 위축되어 있을 때에 김용이 나서서 사당을 중수하였다. 잠깐이나마 그가 다스리던 선산부가 현으로 떨어지고 자신은 파직되었다가 이내 복구된 이듬해였다. 『대동지지』는

1609년에 야은묘라는 명칭을 사용하기 시작하였다고 기록하였다.

이후에도 18세기 중엽 사당을 한 차례 이건하였다고 하는데 확인되지 않는다. 길연(14세, 1700~1765)은 영묘를 이건하고 봉안하는 제문을 지었다. 길이종吉履宗(16세, 1762~1810)은 영정을 고쳐 그린 이후 봉안문을 지었다. 19세기 전반기에는 사당이 무너져 내려 다시 지은 일도 있었다. 길응휘吉應彙(18세, 1784~?)는 사당을 중건하고 최승우(1770~1841)에게 중수기를 요청하였다.

사당의 이름은 다양하였다. 길재사와 야은사라는 명칭이 함께 사용되었다. 선산부사 김용은 율리의 사당이라 하여 율곡유사栗谷遺祠라 불렀다. 사당에는 영정을 모셨기에 영당影堂 혹은 영묘影廟라 불렀다. 권근의 동생 권우權遇(1363~1419)는 길재의 화상을 만들고 찬하였다. 19세기 초의 「광여도」 선산부 지도에는 '길야은영우吉冶隱影宇'라고 기재하였다. 1832년경에 편찬된 『선산부읍지善山府邑誌』에는 부의 남쪽 20리에 길재사吉再祠가 있다고 표기하였다. 『정조실록』에 기술된 오산사烏山祠는 인동 오산서원의 사당을 가리키는 것으로 보인다. 선산의 소재지 서쪽 15리쯤이 아니라 인동의 15리쯤에 있었다.

조선 시대 영당은 대단히 넓게 퍼져 있던 사당의 한 모습이었다. 조선 초기에는 공신의 특전으로 영정을 그리게 하고 공적비를 건립하게 하였다. 부모와 처자 그리고 생질과 사위에게 내려주는 관작과 함께 베푸는 은전과 특혜 가운데 하나였다. 영당 건립이 넓게 퍼지면서 그림 솜씨가 떨어지면 오히려 실제 인물과 다른 영정을 놓고 제사를 드리는 일도 생겼다. 그렇게 되자 어떻게 다른 인물을 제향할 수 있겠는가 한탄하고 우려하는 목소리가 나올 지경이었다.

이 영당과 묘소는 구미를 찾는 사람들의 순례처가 되었다. 『야은선생문집』에 수록된 숱한 시들은 그 흔적의 일부이다. 농암農巖 김창협金昌協(1651–1708)은 1684년(숙종 10) 영남을 염찰한 적이 있다. 이때에 야은사와 야은묘를 찾아뵈었다고 글을 남겼다. 물론 야은사와 야은묘는 선산이나 인동에 부임하는 수령들도 참배하는 곳이었다. 이재항(1808–1811)은 선산부사로 부임하자 율리의 영정에 참배하였다.

길재사는 개인만 찾는 것이 아니었다. 임란이 일어나기 전에는 길재의 사묘에 관원을 보내 치제하는 예를 차렸다. 그것은 규정에 따른 것이었다. 1603년(선조 36)에도 견관치제를 행하였다. 치제관은 근시나 홍문관 관원으로 택하였다.

사당의 건물 양식은 3칸이다. 중문中門을 두었고, 중문 밖 양편과 전면 두 곳에 계단을 두었다. 계단 아래에는 여러 사람이 들어설 수 있는 공간이 있어 헌관 이외의 참례자들이 함께 제를 드릴 수 있게 되어 있다. 사당 안 정면에 감실을 두어 제가 진행되기 전에 신위를 모셨다가 제를 마친 후 봉안토록 되어 있다. 별도의 건물을 지어 제기 등을 보관하지 않고 한 공간 안에서 동서로 나누어 의물과 제기를 보관하는 방식을 따르고 있다.

(3) 청성묘淸聖廟

길재사는 절의를 상징하는 곳이 되었는데 그와 함께 거론되는 곳이 해주의 청성묘였다. 청나라가 들어선 후 한참 동안 조선 사신이 청나라로 사행하게 되면 중국 산서성山西省 영제현永濟縣에 있는 수양산과 이제묘를 찾았다. 수양산이 그렇고 백이숙제가 구 왕조에 대한 충성을 상징하는 것이어서 망한 명나라를 잊을 수 없는 조선 사신들이 청나라에 들어가서 수양산을 찾아가고 이제묘에 들러서 고사리를 먹는 장면이 그렇게 충격적이지는 않다. 연암은 이곳에서 고사리를 먹었다.

황해도 해주 수양산 기슭에 수양사首陽祠 또는 이제사夷齊祠라고도 부르는 청성묘가 세워졌다. 숙종 때인 1687년(숙종 13)에 해주의 유생들이 수양산 기슭에 사당을 세우고 두 사람을 제향하며 절의를 추모하였다. 1701년(숙종 27)에는 황해도 유생들의 청에 의하여 왕이 '청성묘淸聖廟'라는 어필의 편액을 하사하고, 아울러 '산호수양고호山號首陽古號'라는 어제시를 지어 주었다.

그 뒤 1728년(영조 4) 황해도관찰사 이언경李彦經이 주자의 글씨인 '백세청풍百世淸風' 네 글자를 얻어 와 새겨 묘정에 세웠다. 비석의 음기는 최석정崔錫鼎이 지었으며 1828년(순조 28)에는 청성묘를 크게 중수하였다.

강당에는 송시열 글씨의 '청성묘淸聖廟' 편액과 이희조李喜朝가 쓴 기판記板이 걸려 있으며 사당의 바깥에는 숙종 어필이 편액으로 걸려 있고 기둥 좌우에는 영조 어필인 '충의양전忠義兩全'과 '백

숙쌍절伯叔雙節'이 대련으로 걸려 있었다. 청성묘는 고종 때 서원이 철폐될 때에도 제외된 곳인데 지금은 없는 것으로 알려졌다.

이곳의 백세청풍 네 글자는 1761년(영조 37) 금산에 다시 새겨졌으며 홍석주(1774-1842)는 길재를 청성묘에 배향해 달라는 요청을 하였다. 홍석주洪奭周가 좌상 시절이니 1834년(순조 34)의 일이다.

3) 길재를 모시는 서원들

유교의 가치관을 가르쳐 그를 따르는 사람을 만드는 것을 교화라 한다. 유자들은 교화의 근원을 학교로 이해하고 있었다. 따라서 교육은 국가건 양반층이건 모두에게 관심의 대상이었고, 그것을 제도화하려는 노력을 계속하였다. 서원은 대표적인 사립 교육 기구였다.

서원은 조선 전기 1543년(중종 38)에 주세붕周世鵬이 세운 백운동白雲洞서원이 조정으로부터 소수서원紹修書院이라는 편액을 받은 이후 더욱 번성하게 되었다. 사액賜額서원에는 서원 현판뿐만 아니라 토지와 노비 그리고 서적이 지급되고 면세와 면역의 특전까지 주어졌다. 서원은 관학의 향교와 함께 대표적인 사설 교육 기구였으며 향촌사회의 유교 교화의 중심 기구이기도 하였다.

초기에는 향촌사회 안의 재지사족들이 설립을 주도하였으며 수령이 이에 도움을 주는 형태였다. 수령은 자신의 통치 업무와 관련하여 당연히 서원 건립에 협조적이었다. 출연을 하여 재정 기초를 마련하는 데 앞장서기도 하였다. 서원은 학연·지연·혈연 등의 배경을 갖고 건립되었다. 서원들은 선현 봉사 및 후진 양성을 표방하였다.

이황(1501–1570)은 1548년(명종 3) 10월 풍기군수가 되어 1년 정도 재임하였다. 그때 길재가 살던 곳에 서원을 세워야 한다고 주장하였는데 1550년(명종 5) 2월 백운동서원 사액에 관한 논의에서 같은 주장을 다시 꺼내 들었다. 굳이 백운동서원만이 아니라 최충崔冲·우탁禹倬·정몽주·이색·길재·김종직·김굉필 등이 살던 지역과 같이 선현들이 자취를 남기고 훌륭한 풍교를 펼친 곳이라면 모두 서원을 세워야 한다는 주장이었다.

(1) 금오서원金烏書院

금오서원은 1567년(명종 22) 최응룡, 김취문 등이 중심이 되어 건립할 것을 논의하였다. 선산부사 송기충이 서원 건립 요청을 경상감사에게 보고하여 1570년(선조 3)에 건립되었다. 서원은 교육 기구인 동시에 제향 기구여서 모시게 될 인물로 길재를 내세웠다. 길재는 충효를 겸전하고 성리학을 갖추었기에 사당과 서원을 세우고자 한다는 뜻을 펼쳤다.

1572년(선조 5)에는 사당을 짓고 제사를 모시게 되었다. 금오서원의 제사에 야은의 후손 길회吉誨(9세, 1549–1593)가 참여하였다. 금오서원은 1575년(선조 8)에 편액과 서책을 받은 사액서원이 되었다.

금오서원을 처음 건립한 곳은 금오산 밑이었다. 임란 후 선산

금오서원 전경 ▲

금오서원 묘우 상현묘尙賢廟 ▼

부사 김용에게 요청하여 1602년(선조 35)에 남산藍山 밑으로 옮겨 복원하였다가 1609년(광해군 1)에 중건하였다. 상량문을 적은 이준李埈(1560-1635)은 류성룡의 문인이었다. 선산이라는 지역 범위에서 지역의 인물로 야은을 모시는 서원을 세웠던 것이고 또 다른 연관지인 인동에도 금오서원 건립 직후 세우게 된 것으로 이해된다.

최응룡의 봉안문에 "빈 골짝에서 고사리 캐며 끝과 처음이 한 절의[採薇空谷 終始一節]"라는 구절이 보인다. 서원의 봉안문은 학덕에 관한 것이 주인데 여기에서는 그와 함께 삶의 지향 가치로 절의를 내세운 것이다. 경제적인 빈부나 사회적 지위의 귀천을 가리지 않고 닦고 지켜야 할 것이 학식과 절의이기 때문이다.

서원은 김종직, 정붕鄭鵬, 박영朴英, 장현광을 추배追配하였다. 학사 김응조(1587-1667)가 지은 봉안문은 네 선생 합사合祀 제향문이었다. 김응조는 1633년(인조 11)부터 그 이듬해까지 선산부사로 재임하였기에 장현광의 몰년 1637년(인조 15)을 염두에 두면 귀향 후 이 글을 지은 것으로 보인다. 여헌의 제자인 김응조는 1639년(인조 17) 인동의 오산서원에 여헌을 배향할 때에도 글을 지었고 1642년(인조 20)에는 부지암에 여헌의 사당을 짓는 논의를 주도하였다. 부지암이라는 바위는 여헌이 강도하던 곳이었다.

(2) 오산서원吳山書院

1569년(선조 2) 현감 조천계趙天啓는 길재묘 주변을 정비하고 묘표를 세웠다. 그는 화동산 아래에 서원을 세우려다 끝마치지 못하고 사망하였다. 1585년(선조 18) 류운룡柳雲龍(1539-1601)이 현에 부임하여, 사람들과 상의를 거쳐 길재묘 앞 오태산 기슭의 나월봉蘿月峯 아래로 원우를 옮겨 짓기로 하였다. 1588년(선조 21) 3월 준공하고 4월 14일에 야은 선생을 묘廟에서 제사 지냈다.

임진왜란으로 잿더미가 되어 중건하려 하였으나 누까지 재건하지는 못하였는데 1612년(광해군 4) 가을에 사림들이 감사 조현명에게 요청하여 약간의 재물을 준비하여 3년 뒤인 1615년(광해군 7)에 청풍루를 재건하였다. 이 지역의 대표적인 인물인 장현광 등이 나섰으며 낙동강 유역의 여러 고을의 협조가 있었기에 가능했던 일이었다. 이때 낙동강 연안의 여러 산에서 벌채한 목재를 사용하였다.

오산서원은 1669년(현종 10) 3월에 사액이 결정되고 11월에 치제하였다. 사액하고 치제할 때에는 예조 낭청의 기복마騎卜馬와 색리色吏의 기마騎馬 등을 병조에서 지급하였다.

오산서원 의식儀式은 장현광이 정한 것이었다. 길재가 청명淸明의 절개가 있다고 하여 특별히 청명일에 묘소에 천신하며 제향을 드렸는데 그것은 봄 제향이었다.

오광운吳光運(1689-1745)은 한참 뒤에 「청풍루기」를 지었다. 그는 청풍에 관한 나름대로의 관점을 이 기문을 통하여 드러냈다. 그는 청淸과 화和를 중심으로 자신의 생각을 펼쳤다.

> 천지의 기는 화함과 청함뿐이다. 기의 중中한 것이 화이다. 화로서 극히 중한 것은 대화大和이고 청으로서 극히 높은 것은 지청至淸이다. 대중대화大

中大和의 기는 오직 공자이고 청함은 백이伯夷이다. 곧 학문과 절의를 의미한다.

야은을 언급하기 위한 순서이다.

학문의 최고봉 공자를 배우고자 하는 이는 먼저 백이를 본받고, 백이를 배우고자 하는 이는 먼저 야은 선생을 본받을 것이다. 청절만으로 선생의 전부라 하지 말고, 감격만으로 극도의 공부라 하지 말고, 선생의 풍風으로 인하여 선생의 학學을 얻고, 선생의 학으로 인하여 선생의 심心을 얻어서 천도가 가리키는 바와 백성이 가져야 할 가치를 따르고 군신과 부자의 바른 관계를 세우면 정대한 기氣가 우주에 가득하여 험한 때를 만나서는 청淸이 되고 평시에는 화和가 되어야 선생을 저버리지 않는 것이다. 선생을 저버리지 않는 것은 공맹과 백이를 저버리지 않는 것이 되고 그것이야말로 천지의 기氣를 저버리지 않음이 될 것이다.

붕당을 없애되 명분과 절의를 숭상해야 한다는 대탕평론을 펼쳐 보였던 그답다. 청풍의 또 다른 면을 보여 주는 논리의 전개이다.

서원의 뒤에는 3칸의 사우가 있다. 신주神廚, 유사청고有司廳庫가 있으며 회당은 충효당忠孝堂이라 하였다. 동서에 온돌방을 두어 동은 명성明誠, 서는 직방直方이라 하였다. 당 아래의 동서재는 각각 함일涵一, 성삼省三이라 하였다. 재 앞에는 청풍루가 있으며 그 앞이 문이다. 동재 동편에 집을 지어 좌우에 협실을 두고 공부하러 와 기다리는 관동이 머무는 곳으로 하였다.

1639년(인조 17)에 장현광을 서원에 배향할 때의 제문을 김응조가 지었다. 그는 앞서 선산부사로 재임하였는데 1640년 10월에 인동부사로 취임하여 1642년까지 재임하였다. 이 글은 인동부사로 취임하기 직전의 글이다. 장현광의 제자인 그는 여헌 선생을 인동의 오산서원에 배향하는 일에 나섰고 부사로 재임 중에는 여헌의 사당을 지어 유상을 모시고자 하였다. 금오서원의 네 선생 합사 시기는 그 전후일 것이다.

오산서원은 조정 서인들의 정치적 관심의 대상이었다. 오산서원에 송시열과 송준길을 합향하려는 시도가 있었다. 1694년(숙종 20) 경상도 유학 장유張瑠 등은 송시열과 송준길을 오산서원에 배향해 달라고 상소하였다. 송시열과 송준길이 항상 오산을 왕래하면서 그의 묘소에 제사를 지내어 덕을 흠모하고 공경하는 마음을 일으켰으니 합사하자는 이야기였다. 이 지역의 중핵적인 서원으로 오산서원을 주목하고 여기에 자신들의 정치적 선배인 송시열과 송준길을 배향하여 오산서원을 영남의 교두보로 삼고자 한 것이다.

1871년(고종 8)에 오산서원이 훼철되면서 회당인 충효당은 도량동으로 이건되었지만 옛 모습은 아닌 것으로 생각된다. 지금의 청풍재는 1961년에 재건된 것이다. 종손 길준섭吉俊燮(22세, 1903-?)과 금산의 길명기吉明基(19세, 1832-1965), 길찬석吉燦錫(20세, 1889-1974) 등이 크게 기여하였다.

(3) 금산의 성곡서원星谷書院과 불이당不二堂

금산에는 길재를 모시는 성곡서원이 있다. 성곡서원은 1617년(광해군 9)에 김신金侁·윤택尹澤·길재吉再·김정金淨·고경명高敬命·조헌趙憲의 덕행과 충절을 추모하기 위하여 창건되었다. 1663년(현종 4)에 사액되었으며 1871년(고종 8)에 훼철되었다.

금산에는 불이당이라는 교육 기구가 세워졌다. 불이不二는 본래 사당 불이사不二祠의 당호였다. 그런데 그 불이사는 이미 훼철되었고 새로 세우는 불이당은 가숙에 해당되는 서당이었다. 문중에서 길상우吉尚禹(13세), 길상윤吉尚尹(13세, 1702–1782), 길상형吉尚衡(13세, 1718–?), 길규吉奎(14세, 1746–?) 등이 나서서 건립하였다. 「불이당기」는 길규의 요청으로 판서 유최기兪最基(1689–1768)가 작성하였는데 그는 「불이영당기」도 썼다. 유최기가 한성판윤이었던 것은 1763년(영조 39) 가을의 일이다. 따라서 불이당을 지은 것은 이 시기 전후인 것으로 보인다. 길상형의 첫째 아들인 길규는 청풍사와 강당을 짓는 데 나섰으며 송환기에게 「청풍사중건기淸風祠重建記」 기문을 요청하였고 불이당 중수에도 참여하였다.

4) 여러 방법으로 기념하다

(1) 지주중류비砥柱中流碑

길재를 상징하는 기념물 중 하나가 지주중류비이다. 지주중류비는 구미시 오태동에 있으며 오산서원 건립 과정인 1587년

지주중류비 앞면

지주중류비각 전경

(선조 20)에 건립되었다. 인동부사 류운룡이 나서고 경상감사 이산보李山甫가 도왔으며 선산부사 류덕수가 이 일을 맡아 비를 세웠다. 이 일에 후손 길흥선(10세)을 유사로 삼았는데 그는 금삼동파의 길겸吉謙(1525-1561)의 첫째 아들이며 초명이 길운득吉云得이었다. 해평현에서 돌을 캐 와 앞에 지주중류砥柱中流 네 글자를 새겼다. 이 글씨는 양청천楊晴川이 쓴 것으로, 한강 정구가 소장하고 있던 것이었다. 비의 뒷면에는 류성룡이 지은 음기陰記를 새겼다. 글씨는 박도생朴道生이 썼다. 류운룡은 길재묘를 수리하고 서원을 지었으며 사당을 세워 길재를 기리는 일에 정성을 다하였던 인물이다.

지주라는 이름은 황하가 흐르는 곳에 우뚝 솟아 거친 탁류에 맞선 돌이 높은 기상을 보여 준다 하여 얻게 되었다. 마치 그 바윗돌이 절의와 절개를 나타내는 것처럼 생각되었다. 류성룡은 길재의 모습을 다음과 같이 표현하였다.

> 어떤 절개 있는 선비가 우뚝 떨치고 일어나 죽음으로써 올바른 도리를 지키며 그 한 몸으로 우주의 삼강과 오상의 무거운 책임을 졌다. 부귀도 그를 현혹시키지 못하고 빈천도 그를 움직이지 못하며 위엄과 무력이 그를 굴복시키지 못하니, 정의와 충절은 당대에 빛나고 교화와 명성은 후세의 모범이 되었다.

이 모습이 마치 지주와 같다는 것이다. 류성룡은 길재의 충과 효를 강조하였다. 인동의 나월봉 동쪽에 솟은 산이 황하의 지주처럼 보인다 하여 돌비를 세운 것이었다.

지주중류비는 작은 글씨들이 보이지 않아 1780년경에 인동부사 임희우任希雨의 주도로 개건되었다. 관찰사에게 의논하였더니 먼저 재물을 내었다. 도내 수령들이 찬성하여 경산 지방의 돌을 구하였는데 공사가 시작하기 전에 관찰사가 갈려 가고 조시준趙時俊이 후임으로 와서 7읍의 승려를 동원하여 돌을 운반하고 다듬었다. 큰 글자는 이전의 각을 베끼고 음기는 전날의 글 그대로 하되 글씨는 임희우가 써서 1년 만에 공사를 마쳤다.

문중에서는 길기吉坖(14세, 1717–1812), 길치관吉致觀(15세)이 나섰고 지역에서는 인동의 장지조張趾祖, 선산의 김몽채金夢彩 등이 나섰다. 류운룡이 처음 비를 세울 때의 입석유사立石有司 신성申誠의 후손인 신택명申宅明이 이들과 함께 공사를 감독하였다. 또 다른 의미의 추원보본追遠報本이고 긍구긍당肯構肯堂이기에 처음 비를 세울 때의 후손들이 이어서 세운다는 뜻에서 류성헌柳聖憲 등 5·6인이 안동에서 와서 함께 힘을 모았다.

공사는 감사 조시준과 부사 임희우의 재임이 겹치는 시기에 이루어졌다. 조시준은 관찰사를 두 번 역임하였는데 그가 첫 번째 관찰사로 온 1780년 2월에서 1781년 1월 사이의 일이었다. 공사는 1779년 홍낙빈이 감사로 있고 임희우가 부사로 있을 때에 시작하였지만 홍낙빈이 가고 조시준이 와서 완공하였으니 1780년의 일로 추정된다. 그러하기에 승지가 된 임희우에게 개건기를 부탁하였던 것으로 보인다. 「개건지주중류비기改建砥柱中流碑記」는 공사를 마친 임희우가 인동부사에서 물러난 직후에 쓴 것이다.

임희우는 1781년(정조 5) 12월에 호군護軍으로 승진되어 옮겨 갔다. 임희우의 관직이 승지일 때의 글이다.

정치색을 막론하고 지주비를 보고 간 사람들의 마음 한 켠에는 늘 지주비가 세워져 있었다. 절의는 정치를 넘어서는 공통의 가치였다.

(2) 채미정採薇亭

1768년(영조 44) 선산부사 민백종閔百宗(재임 기간 1765-1769)이 채미정을 세웠다. 어사전御賜田이 있는 길재가 살았던 옛터이다. 관찰사 이은李溵이 기문을 지었다. 부사 민백종은 감사 이은의 외척형이다. 이은 역시 채미정 건립에 적극적으로 참여하였다. 각 읍에 통고하여 재물을 모으고 공사를 도왔다. 문중에서는 율리종의 길치적吉致迪(15세, 1732-1773)이 건립하는 일을 도왔다

이은은 선초에 길재에게 토지를 주었던 이양의 12대 후손이다. 이은은 관전을 주었다고 기억한다. 그의 8대조 이행李荇은 백이의 「채미가」를 기억하며 야은의 절의를 떠올리는 「금오산을 지나며[過金烏山]」라는 시를 지었고, 5대조 이안눌李安訥은 금산군수를 역임하였기에 길재의 제문과 시가 있다고 술회한다. 이안눌의 『동악집』에는 길재와 관련된 기사가 실려 있어서 다른 사람들이 길재의 금산에서의 삶에 대한 정보를 얻기도 하였다. 그의 조고 이집李㙫도 경상감사일 때에 길재의 후손을 구휼하였다. 그 자신도 황해도에서 청성묘에 글을 지었다. 어지간히 인연이 깊은 관계이다.

채미정 전경

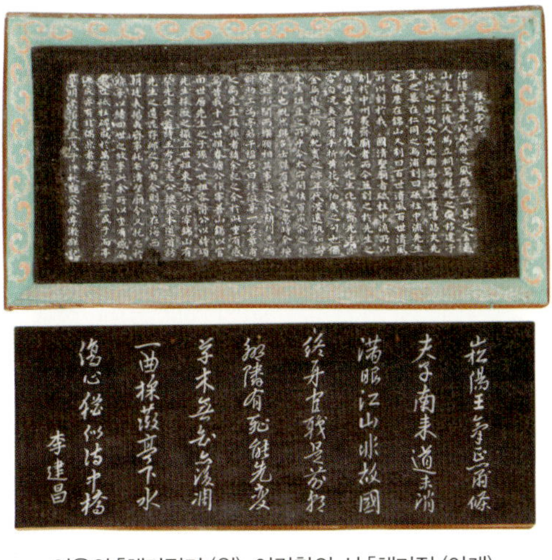

이은의 「채미정기」(위), 이건창의 시 「채미정」(아래)

주련柱聯 자리에 '중류지주'라고 쓴 세로 현판을 걸어 놓았다.

채미정에서는 유계회가 열린다. 유계회는 야은 선생의 기일에 제사를 모시고 파젯날 유림회에서 추모 행사를 하는 것이다. 식사를 같이 하는 추모 행사는 미리 정해진 식순에 따라 진행하였다. 야은 선생을 기리며 묵념을 하고 유적 앞에서 유림 중 한 분이 야은에 관한 강론을 하였다. 그것을 주관하는 사람을 방장이라 하는데, 방장은 가급적 타성이 맡도록 하였다. 2021년 제례 때는 코로나19로 인하여 유계회를 열지 못하였다.

(3) 구인재求仁齋

앞서 채미정을 지은 민백종의 후임으로 부임한 선산부사 조재만趙載萬이 채미정 오른쪽에 구인재를 세웠다. 채미가 백이·숙제를 상징하는 말이라면 구인은 그들이 지향한 가치를 상징하는 말이었다. 공자는 백이·숙제가 인을 구하여 인을 얻었다고 평가하였다. 그의 재임 기간은 1769년부터 1771년까지여서 건립 시기는 1770년 전후일 것으로 짐작된다. 길기吉奎(14세, 1717–1812)는 채미정과 구인재를 창건할 때에 공이 컸다.

구인재는 건립한 지 42년이 되던 해 봄에 화재로 불타서 재가 되었다. 선산부사 이재항(재임 기간 1808–1811)이 나서서 구인재를 재건하였으며 문중에서는 길치효吉致孝(15세, 1748–1829)가 도청都廳으로 공적이 많았다. 선산부사 홍세주洪世周(1791–?)가 재임할 때(1816–1820) 쓴 것으로 보이는 현판이 걸려 있다.

구인재 전경

구인재 현판

(4) 경모각敬慕閣

숙종의 글씨 첩(『신규상절첩宸奎尚節帖』)은 야은영묘에 봉안되어 있었다. 송명흠宋明欽(1705–1768)이 영당에 참배하였을 때에 본 것도 그것이었다. 경모각을 어사전에 세우려 공사를 시작하였으나 마치지 못하자 선산부사 등에게 도움을 요청하였다. 1830년(순조 30)에 경상감사 이면승李勉昇과 선산부사 서병순徐秉淳은 의논하여 재물을 모아 3칸짜리 집을 대나무밭 자리에 지었다. 도중에 경상감사가 갈려 가는 일이 있어 이듬해 가을에 옮겨 모셨다. 봉사손奉祀孫 길문영吉文榮(17세, 1792–1869)은 일을 마치자 선산부사에게 경모각敬慕閣이라는 건물의 이름과 기문을 지어 달라고 부탁하였으며 그 일의 전후 사정을 기록하여 두었다.

지금 경모각에서는 1707년(숙종 33)의 숙종의 오언시, 1739년(영조 15), 1768년(영조 44), 1798년(정조 22), 1864년(고종 15) 등의 견관치제문 복사문을 볼 수 있다. 음력 3월 2일 야은 선생이 나신 날에 경모각에서 헌다례를 한다.

(5) 길재유허비吉再遺墟碑

구미시 남통동 채미정 경내의 북측 비각 내에 있다. 덮개돌 없이 비신만 있다. 비의 앞면에는 '고려문하주서야은길선생유허비高麗門下注書冶隱吉先生遺墟碑'라 새겨져 있다.

길재가 처음 살던 곳에 유허비가 있었으나 처음 세운 유허비는 누가 세웠는지 모르는 것이었다. 장현광이 본 것은 처음의 유

경모각 전경

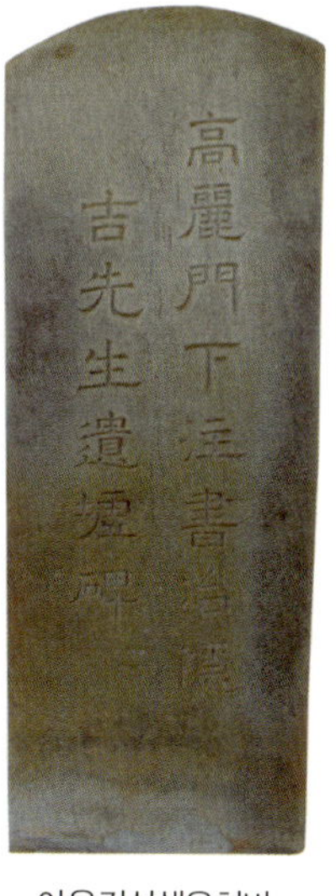

야은길선생유허비

허비였다. 그 비는 깨어지고 1694년(숙종 20)에 부사 김만증金萬增(재임 기간 1694-1698)이 다시 새 비를 세웠다. 유허비 비석을 보호하기 위하여 정면 1칸, 측면 1칸의 비각이 세워져 있다.

(6) 길재정려비吉再旌閭碑

길재정려비는 경상북도 지방문화재 자료인 삼강정려비각 내에 있다. 이 비각은 고려 충신 길재, 부모를 지성으로 봉양한 배숙기裵淑綺, 정절을 지킨 조을생趙乙生의 처 약가藥哥의 정려비를 모아 1795년(정조 19)에 세웠다.

정려라는 것은 효자·충신·열녀 등이 사는 마을에 붉은 칠을 한 정문旌門을 세워 정표하는 것 혹은 그 마을을 뜻한다. 고려 때에도 있던 교화 정책의 하나였다. 정려를 하면 그 해당자의 집안의 요역을 면제하여 주었다.

세종 때에 길재에게 좌사간대부左司諫大夫를 추증하고 정문을 세워 표창하였다는데, 다른 기록에 의하면 1533년(중종 28)에 정려비가 세워졌다고 한다. 이 정려비는 그를 기념하는 것이었다. 비의 앞면에 '고려충신길재지려高麗忠臣吉再之閭'라는 비명碑銘이 새겨져 있다.

(7) 야은역사체험관

채미정 건너편 남통동에 있는 야은역사체험관은 2016년 9월 1일 개관했다. 야은역사체험관은 구미성리학역사관의 부속시설이다. 문중에서는 길화수吉華秀(21세)가 구미성리학역사관 건립 추진준비위원으로 참여하였다.

그동안 이곳에서는 청소년을 대상으로 매주 토요일에 인성교육 프로그램을 진행하였다. 다도 교육이나 뮤지컬을 공연하기도 했다. 뮤지컬의 내용은 야은 선생과 관련된 것 또는 지역의 문화와 관련된 것들이었다. 야은의 시조창 등을 공연하기도 했다.

이곳에서 길화수는 야은의 일대기 등을 소개하기도 하였다. 야은의 후손에게는 야은역사체험관이 곧 오늘의 오산서원인 것처럼 여겨지고 있었다. 구미성리학역사관이 많은 조상들을 대상으로 하는 것이라면 야은역사체험관은 야은 선생만 모시는 것으로 여겨지고 있었다.

(8) 금산의 청풍사와 백세청풍비

금산은 길재의 후손들이 세거하던 곳이고 지금도 대종중이 구성되어 있는 곳이다. 선산의 길문을 선종善宗이라 하듯이 이들을 금종錦宗이라 하였다. 따라서 오랫동안 길재와 관련된 공간이 마련되고 기념물이 세워졌다.

금산군 부리면 불이리에 1671년(현종 12) 후손 길협구吉協龜(12세)와 길상복吉尙復(13세)이 고을의 선비들과 함께 불이사不二祠를 창건하여 1678년(숙종 3)에 위패를 봉안하였다. 그러나 이 사당은 1741년(영조 17)에 서원 남설 금령에 저촉되어 훼철되었다.

이후 1761년(영조 37)에 금산군수 민백홍과 지방 유림 그리고

금산의 백세청풍비와 유허비 비각 전경

문중에서는 종손인 길연과 길상형, 길경회吉慶會 등이 나서서 '백세청풍百世淸風' 네 글자를 크게 새긴 비를 유허에 세웠다. 앞서 불이사를 세울 때에도 시도하였지만 결과를 얻지 못한 밀린 숙제였다. 글자는 해주 청성묘의 주자 글씨였다. 비의 음기는 윤봉구가 적었다. 기문을 적은 윤봉구는 야은과 관련된 글을 여러 편 남겼다. 그는 특히 후손들의 쇠약함을 걱정한 인물 가운데 한 사람이었다.

이때 앞면에 '고려문하주서야은길선생유허비高麗門下注書冶隱吉先生遺墟碑'라고 새긴 별도의 불이유허비를 세우고 송명흠이 그 비

금산의 백세청풍비

의 음기를 적었다. 뒤에 비각을 세워 비를 보호하였다.

종손은 선종만 대표하는 것이 아니라 선종과 금종을 포함한 길문 전체를 대표하는 자이니 금산의 숙원 사업에 함께하는 것이 당연하였다. 길상형은 학문적 연찬을 거친 분이다. 족보에는 백세청풍비를 세운 인물로 소개되었다.

그런데 이 시기를 즈음하여 영당을 세우려는 시도가 있었다. 서당에 해당되는 불이당의 기문을 쓴 유최기는 「불이영당기」를 작성하였다. 자손들이 합의하고 힘을 모아 여러 칸의 집을 지어

금산의 야은길선생유허비

금산의 청풍사 묘정 지주중류비

선생의 진상眞像을 모셔 앙모하는 생각을 나타내었기에 그 일을 듣고 「불이영당기」를 쓴다고 하였다. 그 후의 일을 보면 영당이 세워졌다고 하여도 잠시 운영되었을 것이고, 아니면 영당 건립 의지만 있었던 것일 수도 있겠다. 불이당 서당을 세운 것이 1760년대의 일이었는데 1800년대 초에 사당을 건립하는 과정에서 그간 사당이 없었다고 하였기 때문이다.

비를 세웠으나 제사를 드릴 곳이 없어 1800년(순조 원년) 가을에 전라감사 김달순金達淳이 사당을 세우기로 결정했다. 이듬해에 사당을 짓기 시작하여 군수 홍희정洪羲正이 역사를 돕고, 1804년(순조 4)에 사당을 지어서 청풍사淸風祠라 하였다. 수령 유한기兪漢紀가 도왔으며 문중에서는 길규吉奎(10세, 1746-?)와 길계수吉繼修(13세)가 송환기에게 기문을 청하는 등 이 일에 나섰다.

청풍사에서는 춘추로 제향하였다. 송환기宋煥箕(1728-1807)는 송시열의 5대손으로 한원진과 함께 길재의 후손들에게 각별한 관심을 보였다. 그는 축사뿐만 아니라 「청풍사중수기」를 지었다. 청풍사는 1868년(고종 5)에 서원철폐령에 의해 훼철되었다.

이후 길응규吉應奎(18세, 1836-1906)가 족형 길찬주吉燦周와 함께 향사들과 다시 옛터의 연재각演齋閣 곁에 청풍당을 세워 춘추로 제를 지내게 되었다. 길응규의 맏아들 길문기吉文基(19세, 1868-1950)는 이어서 족친 길기순吉基淳, 길병휴吉秉烋 등과 함께 매년 정성을 다하였다. 묘궁 옆으로 익무翼廡가 없어 종제 길준기吉駿基와 함께 중수하였다. 이용직李容稙(1852-1932)이 「청풍당중수문淸風

금산의 청풍사 사당

堂重修文」을 지어 그간의 사정을 기록하였다.

1928년 청풍비각이 세워지고, 청풍사가 중수되었다는 것은 위와 같은 정황을 말하는 것이다. 주자 글씨의 청풍당 현판에는 1928년을 뜻하는 무진戊辰 간지가 적혀 있다. 1977년 박정희 대통령이 청풍서원이라는 현판을 써서 걸었다. 서원 안에는 득인재得仁齋를 세웠다. 사당 청풍사淸風祠는 서원과 담을 사이에 두고 있으며 야은 영정을 모신 영당의 형태이다. 위패는 '문절공야은길선생文節公冶隱吉先生'이다.

청풍사 중수와 함께 오래된 백세청풍비를 보존하기 위한 비

금산의 청풍당

청풍당 현판

각을 세웠다. 향중의 박홍서朴洪緖, 고광승高光昇이 사론을 일으켜 세웠다. 길문기吉文基가 재정을 마련하였고 길난순吉蘭淳, 길종순吉鍾舜, 길기순吉基淳 등이 힘을 보태었다.

1949년에는 사당의 뜰에 지주중류비를 세웠다. 아울러 묘소 앞에 재실을 두어 제사를 준비하였다. 고동에는 1986년에 고모재를 세워 제사에 이용하고 있다.

사당 앞에는 하마비가 지키고 있어서 이곳이 마음을 추스르는 곳임을 알려 준다. 1800년경 청풍사 앞에 식재한 느티나무는 청풍사가 오랜 세월 동안 모습을 달리하였지만 그 뜻은 변하지 않은 저간의 사정을 알고 있을 것이다.

제6장

종가와 문중이 함께 가다

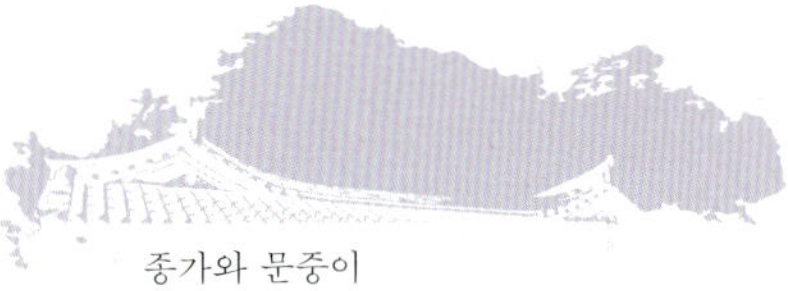

1 종가를 구성하다

1) 종법 사상과 종가

종가라고 하면 보통 큰집과 그 집의 맏아들이 떠오른다. 문중의 가장 큰집이 종가이다. 종가라고 하는 말은 여러 의미를 가진 것이다. 종가는 종법 사상에 뿌리를 두고 있다. 종법 사상은 한편으로는 정치적인 세력의 위계를 질서화하는 개념이다. 그것은 또한 단일한 집단이나 세력 간의 관계만을 말하는 것이 아니라 중첩적인 관계를 말한다. 주나라 왕실을 구성하는 종실과 주왕으로부터 분봉된 제후와의 관계가 있고 그러한 제후의 형제간의 관계가 있다. 전자는 우리가 흔히 말하는 천자와 제후인 군주 간의 봉건 관계이다. 제후는 종실을 지키는 울타리가 되는 것이다.

왕실과 제후는 마치 본가와 분가의 모습을 가진다.

제후 간의 형제 관계는 사실 제후의 아들 대에서의 계승 내지 세습의 문제였다. 그 상속 대상은 정치적 지도력과 경제적 재산권 그리고 사회적 지위를 내용으로 한다. 아울러 우리의 관심인 제사권의 상속이 포함되는 것이었다. 제후의 적장자가 계승자가 되어 작위를 이어 가고 나머지 아들들은 별자別子라 부르며 새로운 세계를 형성하게 되면서 개조가 된다.

별개의 세계를 이룬 이 개조의 세계를 대종이라 한다. 이 경우 이 대종이 아닌 다른 아들 역시 별개의 세계를 이어 가게 되는데 그를 소종이라 한다. 상속이라는 측면에서 보면 대종이나 소종이나 적장자 상속인 점은 동일하다. 이들 별자의 상속자가 이룬 세계를 대종이라 한다면 앞서의 왕실의 세계를 잇는 적장자는 그 자신 역시 대종을 이루면서 전체의 대종들을 아우르는 종주권을 지녔다고 하겠다.

위와 같은 종법 사상의 겉모습을 가지고 있었으나 정치 체제가 변하면서 점차 정치적 의미는 흐려지고 대종과 소종에서의 조상에 대한 제사를 받드는 집단에 대한 규정에 초점이 모아졌다. 그리고 그 범위도 천자나 왕실 혹은 왕과 제후의 관계를 말하는 것이 아니라 일반 사대부들의 혈연적 관계를 가리키는 말로 변화하였다. 종족 안에서 장자로 이어지는 세계가 대종이 되어 종가를 구성하고 지자 혈통은 소종을 구성하게 되는 것이다. 대종은 동성동본의 부계친족 집단을 가리키는데 소종 역시 남계의 4

대 고조부 이하의 동일한 조상을 모시는 집단을 가리킨다. 그래서 흔히 우리가 종가라고 부르는 것은 특정 가문의 중시조로부터 적장자로 계승되어 온 집을 말한다.

(1) 종법 사상의 확산과 종가의 형성

조선 전기 재산의 균분 상속으로부터 적장자 중심의 상속으로의 확대, 윤회봉사의 조선봉사 제사권 조정, 모거제로부터 부거제로의 거주율 변화, 본관제의 확대 그리고 족보의 등장 등이 이루어지면서 많은 변화가 일어났다. 이러한 변화를 배경으로 17세기에 종법 사상이 확대되었다. 동시에 점차 종가의 개념에 대하여 생각하는 것이 늘어나고 종족 의식이 확대되었다.

1602년(선조 35), 임란으로 인해 소실된 사당을 다시 세우고 제사를 지내면서 길재의 6대손 종선이 금산으로부터 선산에 와서 향을 사르게 된 것은 그러한 변화를 배경으로 한 것이었다. 한편으로는 국가와 사회가 펼친 일련의 추숭 사업들 또한 그 배경이 되었다. 세종 연간에 추증 및 봉사손의 등용이나 『삼강행실도』의 수록과 같은 추숭의 일들이 있었는데 그것이 이어져서 선조 연간에도 이루어졌다. 선조 연간에는 길재가 살던 곳에서 지방관과 중앙으로부터 파견된 예관들에 의해 추숭하는 일들이 전개되었다. 선산부사나 인동현감 그리고 경상감사는 지역의 인사들과 함께 묘소를 정비하고 사당을 중수하고 금오서원과 오산서원을 세웠다. 임란으로 그러한 것들이 불탔으나 다시 세우는 일들을 통하여 다시금 길재에 대한 기억을 되살리고 그 의미를 생각하게 되었다.

국가와 사회가 펼친 추숭 사업들은 금산의 종손이 선산에서 삶의 터전을 새로 닦아야 할 계기를 마련한 것이었다. 다른 한편으로 확대되는 종법 사상에 따라, 종손이 길재의 제사를 길재의 사당과 묘소가 있는 곳에서 지내야만 하는 상황이 된 것을 의미하였다. 문중이 형성되고 그 안에서 종가의 역할이 더욱 필요한 시기가 온 것이었다.

물론 이 시기 종가라는 용어는 대종이나 소종과 관계없이 사용되고 그 의미는 적장자나 지손과 관계없이 사용되기도 하였다. 여러 의례서나 개인의 견해에서 적처嫡妻 소생의 아들은 둘째라 하더라도 제2장자라는 표현을 쓰면서 그 역시 장자라는 생각을 갖고 있었기에 누구나 장자가 되어 계승자가 되고 종가를 이룰 수 있었다. 같은 시기 함안의 조임도(1585-1664)는 부모에게만 제사 지내는 소종가와 4대봉사하는 대종가를 구분하고 있다.

나의 집은 부모에게만 제사 지내는 작은 종가이다. 종신토록 제사 지낼 분은 돌아가신 부모님 두 분뿐이고, 제사 지낼 때의 의물儀物 또한 『가례』와 약간 차이가 있다. 대개 우리나라의 채소와 과일 및 반찬은 중국과 달라서 우리나라 풍속에서 숭상하는 것이 자연히 그렇게 하지 않을 수 없다.

내가 이 의절을 만든 것은 부모님 사당을 위해 그 절차를 조절하고 우리나라 풍속에 따라 제수를 선별하여 일상생활에서 소홀히 하거나 잊어버리는 근심을 방비하고, 사사로이 거처하면서 구차하고 간소하게 하는 누습을 경계하여 추원보본追遠報本하는 의미를 붙인 것에 불과하다. 감히 이것으로 고례보다 더 낫기를 바라는 것은 아니다.

앞서 살펴본 바와 같이 4대봉사하는 것은 소종이고 종족 전체를 아우르는 것은 대종이라 하였는데, 이와 같이 조임도는 부모님 제사만 모시는 것을 소종이라 하였다. 조임도의 부친 조식趙埴은 6형제 가운데 넷째 아들이었다. 조임도는 누이만 있었으며 그 자신도 이 글을 쓸 때에는 후사를 세우지 않았던 것으로 생각된다. 그는 뒤에 종형인 면도勉道의 제2자 함변咸抃을 입후하였다. 그의 부모님은 1607년과 1621년에 각각 돌아가셨다. 조임도 말대로 소종이 구성되는 과정이었다.

앞의 글은 1621년에 어머님마저 돌아가시고 조임도가 부모님 제사를 모셔야 되는 상황에서 제례를 정리한 「봉선초의奉先抄儀」라는 글의 발문의 일부이다. 이 글이 실린 『간송집澗松集』은 1744년에 간행된 것인데 이와 같이 제사 의례에 관한 관심은 조선 후기 내내 지속되었다.

그와 같은 상황에서 이제 길문의 대종을 이끌게 되는 율리종의 봉사손은 선산에서 종가를 이끌게 된 것이었다.

2) 종갓집은 무엇을 하는가

종가 문화는 종가의 삶 자체이다. 종가가 살아가면서 형성한 삶의 지향하는 가치와 양식 등 그 모두가 종가 문화이다. 삶의 구체적인 모습은 사는 공간으로서의 종택에 나타나기도 하고 음식 등에 나타나기도 한다. 아울러 문중 내이건 문중과 문중 간의 관계이건 사람들 사이의 관계를 맺는 양식들에도 그 모습이 나타난다. 그러한 것들은 종가의 종손이나 종부의 삶의 가치 지향이나 행동 양식으로 나타난다. 그러한 의미에서 종가 문화는 조선 시대 양반 문화의 특성을 그대로 지니고 있다.

종가 문화의 원리는 유교였다. 그 원리는 의례로 표현되고 의례 가운데 제례 등이 핵심이었다. 제례의 내용 결정과 제사권의 상속 등이 종가를 문중 안의 다른 집안과 구별케 한다. 종가는 신주를 모시고 제사를 지내는 일을 한다. 시제나 기제를 누가 지내야 하느냐를 놓고 종가와 지손 간의 구별이 정리되기 시작한 것은 16세기 전반경이었다. 그것은 일회에 정비되거나 조정될 수 있는 일이 아니어서 지속적으로 바뀌었으며 각 종가에 따라 조금씩 다른 내용으로 수용되기도 하였다.

종가는 혈연적 관계를 가진 모든 문중 사람들의 정체성을 확인시켜 주는 것이기도 하였다. 혈연적 관계가 있는 사람들이 종가라는 중핵적인 집단이나 세력을 상정하고 그 구심을 매개로 결속력을 강화하고 스스로의 정체성을 만들어 간다. 그렇게 하면서 혈연적 관계가 있는 사람들의 연계망에서 차서를 정하는 것이다. 일차적으로 몇 세대인가 하는 대수가 우선이다. 같은 본관을 만나면 파시조를 묻고 대수를 알 수 있는 항렬을 묻는다. 그들 모두는 문화를 유지해야 할 의무를 함께 상속하였다.

종가는 종가 스스로의 노력과 활동을 통하여 유지되지만 종가 단독으로 유지되는 것은 아니며 문중과의 유대와 연대 가운데 존재한다. 문중이 형성되고 그 문중이 종가를 유지한다. 그러하기에 종가의 일은 문중 전체의 일이다. 종가는 종가가 위치한 지역의 혈연적 관계에 있는 사람들의 중심이기도 하지만, 다른 한편으로는 지역을 달리하는 혈연적 관계에 있는 문중 사람들과의 관계를 유지해 주는 매개고리이다. 구미의 종가는 금산, 장흥, 영변, 화천 등 다른 지역의 해평 길문들을 연결시켜 주는 고리이다. 이를 구체적으로 볼 수 있는 기회가 불천위 제사이다. 종갓집의 불천위 제사는 지역의 길문을 결합시킬 뿐만 아니라 지역 외의 길문까지 연결시킨다. 또한 종가는 문중의 대소사의 기준이 되고 참여자가 되어야 한다.

문중 내에서는 종회·종계와 족회·족계를 구성하고 유지한다. 족계회는 종회를 유지하는 또 다른 조건이 된다. 종가의 지도력이 발휘되는 지점이다. 그러한 조직들은 당연히 조선봉사와 현재의 문중 사람들을 위한 것이다. 그를 위하여 혹 약문에서는 종족 내에서의 상호부조의 내용을 규정하기도 한다. 의장전 등을 마련하여 후손들을 교육하여 최소한의 유교적인 교양을 갖추게 하거나, 나아가서는 관료로 진출하여 문중의 신분을 유지할 수 있는 기반이 되도록 한다. 유교 안에서 지향하는 가치관이 같고 지향하는 행동 양식들이 같기 때문에 굳이 약문으로 규정하지 않아도 종가의 본을 따라 살면 되는 것이었다.

1925년 동학사 삼은각의 유회소에 보낸 통문은 채미정에서 종회를 열어 종중의 의견을 모아 보낸 것이다. 삼은각의 설명에 야은 선생에 대한 초혼 관련 기사가 사실과 맞지 않으니 고쳐 달라는 요청이었다. 길우영吉佑榮(17세), 길응호吉應頀(18세), 길태석吉台錫(20세) 등이 연명하여 보낸 것이다.

나아가서 사회에서 종가라는 개념을 널리 쓰고 있다는 것은 사회가 일정하게 종가 유지의 기능을 하고 있다는 것을 의미한다. 그 종가를 보유한 사회, 좁게는 해당 마을이나 고을, 넓게는 영남 혹은 호남이라 부르는 일정한 지역 범위는 종가 문화를 유지하는 데 지원이 되기도 하고 압력이 되기도 한다. 종가는 한 집안의 독점물이 아니라 공공재의 성격을 지니는 것이다. 따라서 종가는 다른 여러 종가와 상호 구별되는 특징을 지니고 있지만, 다른 한편으로는 연대감을 형성하고 있기도 하다. 이 연대감은 현실에서 통혼권을 형성하기도 한다. 종가는 다른 종가와 교류와 연대를 하면서 종가 관계망을 구성한다.

종가 문화는 그러한 점에서 혈연적 관계망을 넘어서는 지역 관계망을 견인하기도 한다. 종가의 문화는 종가나 문중에 그치는 것이 아니라 지역의 유교 문화를 선도하는 실천 단위인 것이다. 영남 학인들은 지역에서 자신들의 학맥을 최초로 전수한 야은을 존숭함으로써 그의 절의를 공유하였다. 그것은 단지 학인으로 세상에 비쳐지는 것이 아니라 실천하는 학인의 모습을 상징하는 것이었다. 종가는 바로 그러한 영남 학인들의 실천적 상징의 매개로 존재해야 했다. 그러한 길재종가는 문중이 함께 유지하였던 것으로 보인다. 야은의 가치를 전수典守하는 동역자였다.

3) 종가는 어떻게 유지되는가

종가는 제사를 지낼 수 있는 경제적 기반이 있어야 한다. 자녀균분 상속에서 장자 중심의 상속이 이루어지는 종가에서는 제전이 상속된다. 묘위전의 명목을 갖든지 아니면 사당의 각 신위마다 혹은 신위를 합한 부위전祔位田의 명목을 갖든지 간에 경제적 기반이 있어야 했다. 퇴계는 그것이 토지가 아닌 노비여도 괜찮다고 하였는데, 어느 형태이건 물적 기반임에는 분명하였다. 길재는 스스로 토지와 노비를 내어 사당에 소속시켰는데 바로 사당을 유지하고 제사를 드리기 위한 것이었다.

종가에서 반드시 관인을 배출해야 하는 것은 아니었으나 적어도 향촌사회에서 어느 정도 학문적 성취를 인정받아야 했다. 세종 이후 봉사손 등용의 원칙에 따라 길사순(5세), 길인종(6세), 길대수(7세)가 연이어 관직에 나아갔으나, 조선 후기에는 길진구(12세), 길연(14세) 정도가 관직에 나아간 것으로 확인된다. 그러나 문집 발행이나 서원의 제향 그리고 문중 내외의 각종 추숭 사업에 종손들이 참여하고 있는 것을 보면 일정한 학문적 수학은 있었다.

종가를 유지하는 방법 가운데 하나는 입후였다. 말 그대로 세계를 잇기 위해 입계하는 것이고 계자가 되는 것이다. 종계를 유지하는 것은 쉬운 일이 아니었다. 직계 종손 계열에서는 네 차례의 입계가 있었다. 8세 길정지吉挺之의 생부는 길대연吉大淵인데, 길대연은 길인종의 2자로서, 길구의 손자인 길수吉壽(6세)의 아들로 입계한 바 있다. 12세 길진구의 생부는 길서吉瑞인데 서의 1자가 종계로 입계한 것이다. 길서는 10세 종손 종선의 2자였다. 21세 길병현과 22세 길준섭 역시 입후로 세계를 이었다.

입후는 아들 없는 사람이 그 형제 또는 종형제從兄弟나 족형제族兄弟의 아들을 후사後嗣로 삼는 것이다. 아들을 주어 형제의 후사가 되게 한 사람은 조종祖宗의 계통을 중하게 여겨서이다. 종족인으로서의 정체성과 일체감이 없으면 불가능한 일이다.

본관제가 확대되면서 동성동본의 중자衆子를 세워 후사로 삼는다 하지만 1자를 입계하기도 하였다. 적장자의 적처와 첩에게 모두 아들이 없어야 후사를 세우는데, 친아우의 아들로 후사를 삼았다. 관아에 고하고 동종同宗의 지자로 후사를 삼는 이 입후는 관아에 신고하여 사회적·법적 보증을 받았다. 두 집의 아버지가 함께 명하여 후사로 세우되, 아버지가 죽었으면 어머니가 관아에 고한다. 법전에는 존속尊屬 곧 부모 또는 그와 같은 항렬 이상에 속하는 친족과 형제 및 손자는 서로 후사를 삼지 못하게 규정되어 있다. 적통을 잇는다는 의미로 가계를 계승하고, 제사권을 승계하는 것이다.

종가와 문중이
함께 가다

2 종가, 제례의 중심에 서다

1) 제례란 무엇인가?

제례란 제사의 의례이다. 의례는 그 본질이 있고 겉으로 나타나는 형식이나 절차가 있다. 제례의 본질은 무엇인가? 가족 성원 사이의 믿음이다. 제사를 드리는 자는 받는 분이 자신의 뿌리라는 믿음을 갖고 공경하는 마음으로 제사를 드린다. 그것을 표현하는 것이 제사 의례이다. 『혼의昏義』에서 "예에는 반드시 의미[意]가 있어야 하니, 예에서 존중하는 것은 그 의리[義]이다."라고 하였다. 그 뜻인 의리를 잃고 격식만 차리는 것은 제사를 맡은 관리나 하는 짓이라는 것이다.

예는 절차의 옳고 그름만 있는 것이 아니고 그 뜻을 가진 마음이 있어야 하기 때문에 의意가 있어야 한다. 제사를 드리기 위해서는 몸과 마음을 깨끗하게 하여 음식을 준비하고 그 마음을 표현하는 다듬어진 절차와 양식에 따라야 한다. 거꾸로 말하자면 절차와 양식에는 마음이 들어가 있다. 의례는 마음을 담는 그릇이다. 평소에 제례 절차의 정해진 순서나 방식에 익숙하지 않으면 잘할 수 없다. 제례는 준비하지 않으면 낭패스러운 처지에 놓이기 쉽다. 마음을 바르게 표현하지 못하는 것이다. 제사에 참여하는 여러 가족 성원은 순서에 따라서 절만 하는 것 같지만 그 순서를 따르면서 제례를 학습하는 것이다. 물론 제례는 여럿이 함께 드리기 때문에 성원이 마음을 합하여 함께 준비해야 한다.

제례는 제를 드리는 사람과 그 제를 받는 사람의 관계를 나타내 준다. 관계가 없는 사람은 제를 드릴 필요가 없다. 그러하기에 『곡례曲禮』에서 예는 사람 사이의 친하고 그렇지 않음을 정한다고 하였다. 상호 간의 같고 다름을 분별하는 것이다.

그러하기에 예를 제대로 갖추거나 세우면 개인이나 가족, 나아가서는 사회와 국가가 바로 선다고 하는 것이다. 그것은 사람 사이의 관계를 맺는 형식이나 방법이 올바르게 정해지기 때문만이 아니라 서로 간의 마음을 바르게 만들기 때문이다. 예가 없어서 망한다는 것은 예라는 행동 양식이나 절차를 잃은 것이 아니라 마음을 잃었기 때문이다.

2) 길재종가의 불천위 제례

길재에게 제사란 지켜야 할 무엇보다 소중한 가치였다. 길재는 노비나 토지 등의 재산을 나누는 기준을 오로지 제사를 모시는 데에 두었다. 앞서 이야기한 바와 같이 길재가 기월을 지킨 것도 기존의 제례에는 없지만 마음이 원하였기에 그렇게 한 것이었다. 길재는 어버이의 기일에는 종일토록 눈물만 흘렸고 종족宗族의 상사에는 반드시 『주자가례』에서 정한 복을 입었으며 이웃에 상사가 있으면 비록 미천한 자라도 반드시 죽을 먹되 한 번도 배를 채운 적이 없었다고 한다.

이러한 예에 대한 생각은 후손들에게도 전해지고 실행되었다. 앞에서 살펴본 길재의 딸 이야기나 각지에 흩어져 살던 후손들의 준례와 효행에 대한 기록은 길재가 생각하고 지킨 것을 후손들이 이어 가고 있음을 말하는 것이다. 특히 길재의 집안에서는 불천위 제사를 지내고 있기에 종가의 제례는 문중의 중심이었다.

(1) 불천위 제사

한 집안의 제사는 4대봉사인데 새로 대수가 내려가면 봉사가 끝난 맨 윗분의 신위를 옮겨야 한다. 그러나 신주를 다른 사당에 옮기거나 땅에 묻는 조매祧埋를 하지 않고 계속 봉사하는 것을 부조위不祧位 또는 불천위라 하고 불천위를 두는 사당을 부조묘不祧廟라고 한다.

이러한 불천위를 결정할 때 우리나라의 경우 『경국대전』과 같은 법전을 따랐으며 조정의 논의에 의해 정하는 것이었다. 공신에게 베푸는 여러 은전 가운데 하나가 불천위로 삼아 별도의 공간을 두어 봉사토록 하는 것이었다. "각閣을 세워 모습을 그리고, 비碑를 세워 공훈을 기록하였다.[立閣圖形 樹碑記功]" 불천위 사당에서 영당이 익숙한 이유이다. 개별 공신으로 책록되었을 때에도 교지나 녹권 등을 통하여 그러한 은전이 내려지지만 1457년(세조 3)에는 선초의 개국공신開國功臣, 정사공신定社功臣, 좌명공신佐命功臣, 정난공신靖難功臣, 좌익공신佐翼功臣 등의 5개 공신에 대한 불천위 제사 허락이 일거에 내려지기도 하였다.

그러던 것이 점차 확대되어 굳이 공신으로 책봉되지 않아도 공이 뛰어나든지 학덕이 높으면 불천위를 논의해서 결정하였다. 특히 영남 지역에 불천위가 많다고 한다. 본디 국불천위라는 용어는 없었으나 법전에 의거한 공신이거나 그러한 절차를 통하여 불천위로 삼을 것을 허락받는 경우 다른 사례와 구별하여 사용하였다.

국불천위國不遷位라는 말과 대비하여 사불천위私不遷位라는 용어를 사용하기도 하였다. 혹은 향불천위鄕不遷位, 유림불천위儒林不遷位, 유불천위儒不遷位라 부르기도 한다. 국불천위라는 용어 자체는 조선 말에 사용되던 것이었는데 이 용어를 사용할 경우에는 다른 불천위와 격이 다르다는 인식을 배경에 깔고 있었다.

이러한 불천위는 그 공을 기리면서 시호를 내리고, 신주를 사당에서 옮기지 않고 자손 대대로 제사를 지내도록 하는 동시에 그 후손 특히 봉사손을 찾아 등용하였다.

그러하기에 불천위 제사는 종가 혹은 문중의 자긍심을 고취하기도 한다. 그것은 다른 문중 혹은 지손가와 구별되는 특별한 존재로서의 의미를 부여하므로 그러한 불천위를 모시는 자신들을 특별한 존재로 자긍하는 것이다. 이렇게 되면 불천위 제사가 종가 혹은 문중 유지의 조건으로 작동하게 된다. 종가는 불천위 제사를 지내는 집안을 말하고 그렇지 못하면 종가라 할 수 없다는 주장이 나오기도 하는 이유이다.

(2) 불천위 제례의 실제

길문의 명절 제사에는 보통 70~80명 정도가 참석하고 많을 때에는 150명 정도가 참석한다고 한다. 금산에서도 참석하고 다른 문중에서도 참석한다. 도량동의 영당에서 지내는 불천위 제사는 사실 기제로, 국불천위임을 강조하였다. 제례의 실제는 다음과 같다.

제청 정리 및 진설陳設

좌집사와 우집사 두 사람이 과일부터 진설하였다. 메[飯]와 나물 등에는 뚜껑을 덮어 두었다. 이와 동시에 밖의 마당에서는 제관 및 참례자들이 제례복을 갖추고서 제사 지낼 준비를 하였다.

집사가 헌관을 인도하여 진설을 점검하고 확인하였다.

길재의 영정과 위패

제청 마련 및 교의에 모신 위패

진설 확인

참신례參神禮와 강신례降神禮

집례가 "지금부터 향사를 시작하겠습니다."

"참신參神을 시작합니다."

"강신을 시작합니다."

"안경을 벗어 주세요."라고 알리고 참석한 사람 모두 두 번 절하였다.

사당 안 감실의 문을 열고 감실에서 출주하여 주독을 열고 두 분의 신주를 내어 교의交椅 위에 모시고 제례를 행하였다.

집사가 헌관을 도와 촛불을 켜고 향을 살랐다.

초헌례初獻禮

집사가 초헌관을 인도하여 상 앞에 무릎을 꿇었다. 좌집사가 신위 앞의 빈 잔을 들어 초헌관에게 드렸다. 우집사가 초헌관에게 술을 반 잔만 따르고 초헌관이 잔을 올렸다. 좌집사가 잔을 받아 잔이 있던 제자리에 올렸다. 다시 똑같이 한 번 더 올렸다. 초헌관이 조금 뒤로 물러나 두 번 절하였다. 초헌관과 모두가 두 번 절하였다. 처음 올린 잔을 퇴주하였다.

초헌관이 다시 들어와 각 신위에 헌작하였다. 초헌관이 저를 도적 위에 올렸다. 저를 세 번 두드려 음식을 올렸음을 아뢰었다.

축관이 초헌관의 왼편에서 독축하였다. 모두 부복하였다.

초헌관이 부복하였다가 일어났다. 조금 물러나 두 번 절하였다.

초헌관 헌작 ▲

독축 ▼

초헌관이 다시 들어와 퇴주하였다. 좌집사가 잔을 제자리에 놓았다.

초헌관이 내려서 자리로 돌아갔다.

아헌례亞獻禮

집사가 아헌관을 상 앞에 인도하여 무릎을 꿇었다. 아헌관이 계적鷄炙을 올리고 저를 도적 위에서 들어 다른 음식인 돼지고기 위에 옮겨 놓았다. 좌집사가 빈 잔을 아헌관에게 드리고 우집사가 아헌관에게 술을 따르고 아헌관이 잔을 올렸다. 좌집사가 잔을 받아 잔이 있던 제자리에 올렸다. 다시 똑같이 한 번 더 올렸다.

아헌관이 부복하였다가 일어났다. 조금 물러나 두 번 절하였다.

집사가 퇴주하고 빈 잔을 제자리에 놓았다.

아헌관이 내려서 자리로 돌아갔다.

종헌례終獻禮

집사가 종헌관을 상 앞에 인도하여 무릎을 꿇었다. 좌집사가 빈 술잔을 헌관에게 드리고 우집사가 종헌관에게 술을 따르고 종헌관이 잔을 올렸다. 좌집사가 잔을 받아 잔이 있던 제자리에 올렸다. 앞서와 똑같이 하였다. 밥그릇의 뚜껑을 열고 숟가락을 꽂고 저를 음식 위에 바로 놓았다. 종헌관이 부복하였다가 일어났다. 조금 물러나 두 번 절하였다.

첨작

첨작添酌

축관이 나물 그릇의 뚜껑을 열었다. 두 번 절하였다.

축관이 밥뚜껑에 술을 세 번 첨작하여 드렸다. 헌관이 두 번 절하였다.

합문闔門

문을 닫고 사당 밖에서 읍한 후 잠시 기다렸다. 세 번 헛기침을 하고 다시 문을 열었다.

▲ 진다

▼ 국궁

진다進茶

국그릇을 빼고 다시 물을 올렸다. 물그릇에 세 번 밥을 말았다. 그리고 합문하고 일동 국궁하고 잠시 기다렸다. 제관들이 잠시 기다렸다(유식侑食). 일동 모두 두 번 절하였다.

집례가 이성을 고하여 제례가 모두 끝났음을 알렸다. 축관이 분축하였다.

음식 그릇의 뚜껑을 덮었다.

신주를 다시 감실로 모셨다.

음복

초헌관이 먼저 음복하였다. 이후 제례에 참석한 사람들 모두가 참여하였다.

진설은 배위를 함께 모신 2위 1상의 합설合設, 공탁共卓이었다. 따라서 잔과 잔받침이 2벌이었고 시저匙筯도 2벌이었다. 바깥줄부터 다음의 진설도와 같이 진설하였다.

밥과 나물, 삶은 소고기는 절차에 따라 첨작 시 뚜껑을 열었다. 간장을 올렸기에 초접은 사용하지 아니하였다. 『가례』에 의하면 장이 있으면 초는 없어도 된다고 하였다.

길문 불천위 진설도

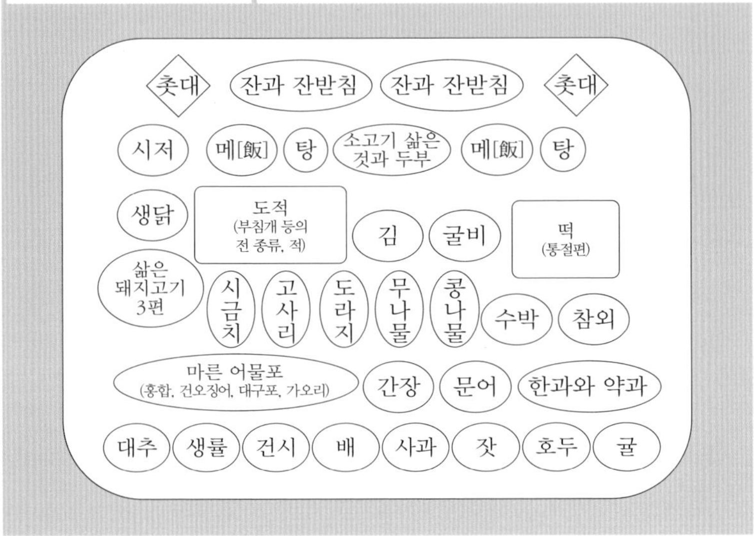

(3) 시사 등의 제사와 제사 음식의 특징

길화수의 증언을 토대로 구성한 불천위 제사를 포함한 길문 제사의 일반적인 모습은 다음과 같다.

시사時祀는 음력 10월 3일에 지내는데 벌초는 음력 8월 초에 한다. 제사를 드리는 시간은, 이전에는 새벽 12시에서 1시 사이였으나 가정의례 준칙의 적용과 문중 사람들의 사회생활 등을 고려하여, 새벽에 지내던 것을 변경하여 현재는 아침에 제사를 지낸다.

부모와 조부모의 기제사를 한 번에 드리지 않는다. 부모가 사흘간으로 돌아가셨다 하더라도 따로 제사를 지낸다. 기일을 조상님을 기리는 기념일이라 생각하고 지내기 때문이다. 조상님에 대한 효는 반드시 그 결과를 볼 수 있다고 굳게 믿고 있다. 자신의 대에 이루어지지 않아도 아랫대에라도 좋은 일이 생긴다는 믿음이다.

길화수의 아들이 반드시 제사에 참여하는데 그 아들의 아들, 곧 손자도 영당의 제사에 참여시키고 있다. 어려도 제사에 참여시켜 배우게 해야 한다는 생각 때문이다.

제수는 집안의 남녀가 함께 준비하였다. 제사에서 눈에 띄게 변해 가는 것이 제사 음식이다. 종전에는 비늘 없는 해물을 사용하지 않았으나 최근에는 비늘 없는 생선을 사용한다. 건어물 가운데 대구포, 가오리를 사용한다. 조기, 청어, 고등어 등을 사용했는데 조기는 구운 것을 사용했다. 모든 불천위 제사는 제사 지낸 직후에 바로 먹어야 한다는 생각이었다. 나물은 다섯 종류를 준비하고 잣과 호두를 상에 올린다.

탕

기제사 때에는 소고기나 돼지고기를 사용하고 명절에는 탕을 올리지 않는다. 절사節祀인 추석의 제사를 떡제사라 한다. 절사에서 제사 음식이 조금씩 다른 것은 계절이 바뀌었으니 바뀐 음식의 맛을 조상님에게 뵈는 뜻이라 생각하고 있다. 새해가 되면 해가 바뀐 것을 조상님에게 고하는 것이기에 떡국을 올리고 그 대신 탕은 올리지 않는다. 그래서 설과 추석을 제사라 하지 않고 차례라 한다고 이해하고 있었다.

전

전은 배추전, 부추전, 파전을 올린다. 우엉, 산적, 소고기, 두부도 있고, 달걀을 사용해 전을 부친다. 전과 떡의 개수는 홀수로 한다. 떡은 시루떡이 기본이고 추석에는 시루떡, 절편, 인절미, 송편이 꼭 들어간다. 다른 절사에는 송편을 올리지 않는다. 대단히 특이하게 김을 올려 놓았는데 반찬으로 김을 올린다고 하였다.

상차림을 보면서 조상님에 대한 길화수의 생각이 얼핏 보였는데, 그가 시간을 초월하여 조상님을 살아 계신 분처럼 대한다는 느낌이 들었다. 그의 생각에 예는 변하는 것이어서 옛것에만 얽매여서는 안 되고, 반드시 시대의 변화에 따라 달라져야 한다고 말했다. 제사상의 진설은 조선 시대에도 기본적인 것만 갖추지만 중국과 환경이 다르다는 점이 늘 거론된 것처럼, 이는 크게 마음이 쓰이는 부분은 아닐 것이다. 그러나 그는 제사 시간의 조정, 참여자의 감소 등이 못내 마음에 걸려 염려하고 있었다.

종가와 문중이
함께 가다

3 문장, 종가와 종손의 삶을 말하다

1) 문장과 종가 문화의 유지

문장은 문중에서 문중의 일에 관심이 많으며 그 문중의 일을 잘 이해하고 처리할 능력을 가진 사람이 맡는다. 문중 안에서 의견을 모아서 문장을 맡기게 된다. 문장은 직계 장자만 맡는 것이 아니었다. 금종의 문장 길치용吉致庸(15세)은 길기吉起의 첫째 아들이지만 길기는 길상은吉尚般의 넷째 아들이었다.

지금 선종의 문장은 길화수(21세)이다. 그는 이춘履春(1자)—두영斗榮(2자)—응선應善(2자)—민학民學(2자)—윤석允錫(1자)—화수華秀(초명은 호수浩秀)로 내려오는 율리종에 속한다. 그는 야은역사체험관장으로 종무에 가장 앞서 헌신하고 있다. 대체로 선대에는 어느 집안

야은역사체험관장 길화수

과 결혼하였는지 묻자, 그는 자신의 기억에 있는 이 지역의 어지간한 집안을 입에 올렸다. 그는 흥양이씨와 결혼하였다.

여러 곳에 살던 길문에서는 지역에 따라 계서戒書를 만들어 교육하였다. 또한 삶 자체가 교과서여서, 종손들이 자신들의 삶을 보여 주고 함께 살아가는 그것이 곧 종가 문화의 학습이고 전승이었다. 길화수가 자신의 아내에게 길문에 시집온 것을 자랑스럽게 생각하도록 말하고, 아들이 집안의 내력에 관심을 보이는 것 모두가 삶 속에서 나온 교육의 결과였다.

그는 가정을 중시하고 효도와 올곧은 정신을 강조하였다. 그는 충효 사상이 강한 야은 선생의 후손이라는 자부심을 갖고 살아야 한다고 배웠다. 부모님께서는 공무원이 된 그에게 청렴하라고 가르치셨다 한다. 그러하기에 그도 자녀에게 나라에 충성하라고 가르쳤다.

추석이면 출타한 아들 태근台根(22세)이 돌아와 제사를 모시고 할머니, 할아버지, 증조할머니, 증조할아버지 성묘를 가곤 하였다. 길화수가 "이제 할아버지 제사만 지내고 그 윗대는 묘사만 올려라."라고 하니, 아들 태근이 "증조할머니가 저를 업어 키우셨는데 어떻게 제사를 안 지내겠습니까?"라고 하였다는 것이다. 가정에서의 교육이 좋은 결과를 가져 보람 있다는 흐뭇한 마음을 표정에서도 감추지 못하였다. 그는 길재의 후손들이 결국 한 뿌리라는 것을 인식하고 있다. 족보에 무척 많은 파를 기재하여 놓았지만 근본은 하나라는 생각을 하고 있다.

2) 문장이 생각하는 종손

종손·종부와 문장의 역할을 어떻게 생각하는지 궁금하였다. 길화수는 종손이라면 올곧은 정신이 있어야 하고 다른 사람에게 모범이 되어서 항상 "그 집안의 자손들은 본받을 만하다."라고 평가되어야 한다고 말하였다. 이 사회에 모범이 되는 것이 제일 중요하다고 생각하고 있었다. 그는 종가나 종손은 문중 안에서만의 존재가 아니라 사회적 존재라는 점을 강하게 인식하고 있었다.

야은 선생의 자손이라는 것을 자랑스럽게 생각하면서 항상 몸조심하고 타의 모범이 되고, 양보하고, 이해하고, 상대방 입장을 먼저 생각하고 그런 마음을 가져야 한다는 것이다.

당연한 이야기겠지만 길화수는 종손·종부의 모범을 야은으로부터 찾고 있다. 물론 야은 선생에 관한 이야기 가운데 일부가 변형되었지만, 그는 대체적인 이야기의 본질과 뼈대를 놓치지 않고 기억하고 있었다. 그리고 그는 청렴하고 검소한 생활을 강조하였다.

3) 지역사회에서 종가의 역할

종가가 사회적 존재라는 점을 인식하고 있는 길화수 문장은 지역사회 특히 유림이나 다른 종가와의 관계에 대해 일정하게 정리된 생각을 갖고 있었다.

종가와 유림의 협동정신이 필요합니다. 종가는 서로 배려하여 협동해야 하고 서로 존중하여야 합니다. 각 문중에 일이 있으면 참여하여 축하도 해

주어야 하지요. 그렇게 해야 다른 문중도 우리 조상을 섬기게 되거든요. 종가는 지역에서 모범이 되어야 하고 그렇게 되면 그 지역의 주민들이 본받는 것입니다.

길화수는 자손들에게 반복적으로 산 교육을 시키면 종가 문화를 계승할 수 있다고 생각하였다. 그의 생각에 구미는 가장 염치 있는 할아버지가 살았던 곳, 그를 상징하는 금오산, 채미정이 있는 곳이고, 지금은 야은역사체험관과 구미성리학역사관이 있는 곳이다. 그는 구미가 인심이 좋아 살기 좋은 곳일 뿐만 아니라, 인성이 올바른 교육 도시가 되었으면 좋겠다는 생각을 하고 있다.

종가와 문중이
함께 가다

4 금산종가, 길재를 기억하다

금종이라는 용어를 사용하고 있듯이 금산인은 스스로 대종가를 이루고 있다고 생각한다. 금산 안에도 여러 소종가가 있으니 그 모두를 통할하는 의미의 대종가라고 생각된다. 종전에는 금산종중 대유사, 유사, 이별유사라는 조직을 두었는데 그 후 대종중 도유사, 종유사 등으로 변동이 있었다.

종무에 나선 사람이 여럿 되지만 그 가운데 길찬석吉粲錫(20세, 1889-1974)과 길강석吉綱錫(20세)이 있다. 길찬석은 늘 종무를 앞세웠으며 시종 정성스럽고 부지런하였다고 문중 내에서 평가한다. 사당의 안팎을 살피지 않는 날이 없었고 특히 금산의 지주비 및 오태 산소 석역에 공이 많았다. 길강석 역시 선조를 현창하는 크

해평길씨 대종중 도유사 부부

고 작은 일에 열심이었다. 사단법인 숙모회肅慕會의 이사였다.

길강석의 1자가 길호진吉浩眞(21세)이고 손자가 지금의 금산 해평길씨대종중의 도유사 길왕근吉旺根(22세)이다. 길왕근은 15세 치호致灝로 시작되어 이연履淵－태영兌榮－응례應禮－안기安基－강석－호진으로 내려오는 세계에 속한다.

길왕근의 집은 청풍사 바로 옆의 불여헌不如軒이었다. 나는 당호가 공맹 누구의 말인지 그리고 그 뜻이 무엇인지 묻지 않았다. 길재의 생각을 더듬어 따라 살고, 청풍서원을 지키며 이웃과 친족들과 함께 사는 것을 즐거이 여기는 것이 무엇보다 좋은 일이라는 뜻으로 짐작되었기 때문이다. 그의 부인 영산靈山 신정숙辛

貞淑 역시 접빈객이 몸에 배어 있었다. 손님을 편하게 하려는 마음을 느낄 수 있었다. 문중의 일을 알리는 데 무엇이 도움이 될까 생각하는 사람이었다. 종부로서의 무게감보다는 인화의 즐거움을 아는 사람이었다. 두 분은 집안에 보관하고 있는 각종 전적류와 고문서들을 살펴볼 수 있게끔 차례로 건네주었다. 두 분의 도움을 받아 금산 일대의 길재 관련 유적을 돌아볼 수 있었던 것은 큰 즐거움이었다.

파보를 비롯한 문중의 각종 전적을 소중하게 보관하고 있었다.

「해평길씨세계海平吉氏世係」(1838), 「불이파족보不二派族譜」, 「치호계파보致灝系派譜」, 「해평길씨수보요강海平吉氏修譜要綱」(1955)

「제위전분급성표祭位田分給成標」

「계책稧冊」(1917–1926), 「진동곡계재래원珍同谷稧財來源」

「친족회親族會」(1959), 「종친청년회칙宗親青年會則」(1960)

『상례비요喪禮備要』

『기아箕雅』, 『어안집魚鴈集』, 『시가집詩歌集』

『어정규장전운御定奎章全韻』(1851): 유천 중간본으로, 대본大本이다.

『신편 포은집新編 圃隱集』(1914)

『간독簡牘』: 길강석吉綱錫 필사 편지 모음이다.

혼서류婚書類

「준호구準戶口」(단자單子)(1884): 유학幼學 길응례吉應禮

「호적표戶籍表」: 길응례, 호적표 3매

금산의 경우 족보와 파보 등을 만들고, 청년회 혹은 친족회를 구성하며, 『상례비요喪禮備要』 등으로 학습하고 있다. 1917년에는 계를 만들어 10년간 운영하였다. 길찬석, 길원석吉元錫, 길흠석吉欽錫 3인이 곗돈을 내어 이식 활동을 하였다. 분급 대상자가 제한적인데 분급 시기가 연말이라는 점이 특이하다. 평시의 이자 수입을 목적으로 하는 것이 아니라 그다음 해의 생활 자금을 마련하기 위한 차입으로 보인다. 이 계는 1926년까지 10년간 운영한 것으로 보인다. 문중 내의 경제적 상호부조를 통한 결속력 강화와 문중 유지가 목적인 것으로 보인다.

그러한 상호부조적인 계의 운영은 간헐적으로 이어져 온 것으로 보인다. 1929년부터 금산 전역에 흩어져 살고 있는 길씨들이 여기에 참여하였다. 길문기吉文基 등 64인이었다. 이들은 일제하에서 경제적 상호부조 조직을 만들어 문중을 유지하려 하였다. 길문기 등 5인은 1원에서 4원까지 계금을 내었고 다른 계원들은 각 50전에서 20전까지 계금을 내었다. 이 분담금의 차이가 항렬의 차이를 의미하는 것으로 보이지는 않는다. 경제적 처지에 따라 상호부조의 원칙에 입각하여 부담한 것으로 보인다.

1959년에는 금산의 친족회를 구성하였다. 연명하여 날인한 명단을 보면 타성의 여성 이름이 보인다. 현대에 이르러 친족회의 구성에 여성들이 함께하게 된 것을 의미한다. 이러한 지역 내에서 특정 지파의 친족회는 금산 문중 안에서의 구별을 의미한다. 그 이유나 배경은 여러 가지일 것이다.

친족회의 규약은 전근대의 전통적 종회나 종규의 기본 내용을 담고 있다. 이것은 전통사회에서 형성된 문중이 어떻게 전통

사회에서의 가치를 유지하고 전승하는지를 보여 준다. 권선징악이라 표현하는 대상 가치는 시대에 따라 변해 가는 것이지만 그 달라진 내용을 확인하기는 어렵다. 분명한 것은 이러한 친족회의 목적 가운데 문중의 미래인 청년들에 대한 고려가 중요하다는 것이다. 친족 상호 간의 친목을 돈독하게 하는 것뿐만 아니라 친족의 청소년을 기성 세대들이 가진 가치로 이끌고 가르치겠다는 것이다.

아울러 이 친족회는 불이파 안에서 치호 계열이 별도의 독자성을 보인다는 점에서 눈길을 끈다. 이 친족회는 치호의 후손을 대상으로 하는 것이었다. 이들은 별도의 파보 「치호계파보」를 작성하여 학습하였다.

한편으로는 지역에서 특정 집단이나 조직을 구성하기도 하였다. 1960년에는 종친 청년회를 구성하였다. 「종친청년회칙」을 둔 이 회는 해평길씨 청년 상호 간의 화목과 단결을 도모하고 종족의 번영을 기하여 후진을 양성하고 위선사업 등을 추진하는 것을 목적으로 하였다. 대종중 도유사 및 종유사 2인을 고문으로 두어 문중의 산하기관임을 표방하고 징벌 조항을 두어 강제력을 가졌다.

현재 청풍회가 운영되고 있다. 회원은 이원적으로 구분되어 나이 많은 회원 18명, 그보다 아래 연배 12명으로 구성되어 있다.

금산의 문중 가운데 제전祭田 운영의 사례가 있어서 문중 문화를 이해하는 데에 큰 도움이 된다. 앞서 살펴본 바와 같이 제례를 제대로 준용하려면 물적 기반을 갖추어야 한다. 조선 전기에 제례를 정비할 때 언급되던 것이 이 제전이었다. 묘위전 혹은 제위전을 마련하여 제례를 지키도록 하라는 말들이었다. 자손들에게 재산을 나누게 될 때에 이 제위전을 유지하는 방법 등을 고민하였다.

길치호吉致灝(15세, 1747–?)의 아들 길이연吉履淵(16세, 1777–1861)은 네 아들에게 제위전을 나누어 주기 위해 제위 조로 사용하던 토지를 명기하고 각 아들들에게 물려줄 제위전의 위치와 토지 양, 재물을 명기하였다. 제위전은 증조부모, 조부모, 부모 주제위主祭位 조로 각각 달리 마련하여 제사를 지내고 있음을 알 수 있다. 길이연은 자신들의 제위전도 마련해 두고 있었다. 길이연의 처 남원양씨가 혼인하면서 가지고 온 돈으로 산 토지를 셋째 아들 태영兌榮에게 주지만 그에 대한 처분권은 양씨가 가지고 있음을 명기하였다. 이 집안의 경우 장자 단독 봉사가 아니라 셋째 아들이 초상初喪, 장사葬事 및 소상小祥과 대상大祥을 온전히 맡도록 하였다. 이러한 문서의 효력을 위하여 문장이 증인이 되었다. 재주財主는 부모이며 문장인 치용이 증필證筆하였다.

금산 지역에는 불이파를 비롯하여 각 지파가 많은데 토성파의 후손은 많지 않아서 함께 제사를 지낸다. 금산 지역의 관련 사우는 12곳이다. 예를 들어 1993년 건립하고 2017년에 개축한 송천사松川祠는 야은의 증손 길대동吉大同(7세) 및 5위를 모시고 있다. 삼성재三省齋는 1995년 건립되었는데 확대 증축하면서 삼

▲ 송천사

▼ 송천사에 봉안된 위패

삼성사 ▲

삼성사 내부 ▼

고동재 현판

성사三省祠라고 한다.

이러한 사우의 등장은 지파별 조선봉사의 공간이 확대된 것을 뜻하기도 하지만 한편으로는 묘제墓祭의 축소 내지 생략을 가져올 염려를 동시에 안고 있다. 사당을 지어 언제나 제사를 드릴 수 있게 됨으로써 그만큼 지정된 시일과 묘라는 공간에서 제를 지내는 것을 줄이게 되지 않을까 하는 염려를 동시에 갖게 하는 것이다.

금산에서는 이전의 시제에 초등학생까지 참여하였으며 구미의 불천위 제사에 버스 한 대 규모의 인원이 참석하였다고 한다. 길왕근은 이러한 모습들이 점차 변화하는 것을 시대 변화의 탓으로만 돌리기에는 못내 아쉬워하는 듯하였다. 그렇다고 하여도 불여헌의 주인이 있고 그 이웃과 친족들이 머무는 청풍서원은 찾는 객을 마다하지 않을 것이라 생각한다. 야은의 절의와 효행은 함께 사는 사람들을 마음에 두었기에 가능한 일이었다.

금산군 저곡리 해평길씨 문중 비위 묘소 전경(길왕근 제공) ▲

야은 길재 배위 아주신씨 묘소(길왕근 제공) ▼

참고문헌

『冶隱先生言行錄』, 『冶隱先生言行拾遺』, 『冶隱先生言行拾遺續集』

『海平吉氏族譜』(庚申譜), 『海平吉氏華川派譜』(2003)

김지석·김옥매, 『구미가 품은 인물 꽃으로 피다』, 구미시·매일신문사, 2016.

문집국역간행추진위원회, 『國譯 冶隱吉先生文集』, 1965.

박성봉 편, 『吉冶隱研究論叢』, 서문문화사, 1966.

한상우, 『야은 길재, 조선선비의 길을 열고 숲을 일구다』, 학지사, 2015.

『高麗史』, 『高麗史節要』, 『朝鮮王朝實錄』, 『承政院日記』, 『日省錄』

『經國大典』, 『國朝文科榜目』, 『文蔭縉紳譜』

『東國新續三綱行實』, 『書院謄錄』

『松都誌』, 『一善誌』, 『善山府邑誌』, 『開寧縣邑誌』, 『錦山郡邑誌』, 『孟山邑誌』

『新增東國輿地勝覽』, 『大東輿地圖』

『東史綱目』, 『燃藜室記述』, 『國朝寶鑑』

『陽村先生文集』, 『慵齋叢話』, 『續蒙求』

『南冥先生文集』, 『牛溪先生集』, 『旅軒先生文集』

『東岳先生集』, 『東閣雜記』, 『海東雜錄』, 『眉叟記言』

『同春堂集』, 『西溪集』, 『星湖僿說』

『屏溪先生集』, 『澗松集』, 『陶谷集』, 『常變通攷』, 『青莊館全書』, 『林下筆記』

지은이

김무진 金武鎭

율곡향약, 사족향약, 수령향약 등에 관하여 연구하였다. 촌락사회 및 지방제를 연구하여 성주향촌사회, 군현의 통치구조, 조선전기의 향리, 경상감영에 관한 글들을 발표하였다. 아울러 면훈장제 및 서당 그리고 영남의 교육 문화에 관한 글들을 발표하였다. 반계 유형원, 실학자들의 신분관에 관하여 연구하였으며 최근에는 산림에 관한 연구에 집중하여 식목 활동, 마을숲, 율목봉산에 관한 글들을 발표하였다. 논문으로는 「정구 한강의 현실인식과 경세관」(2012), 「조선후기 경상감영에 관한 연구」(2015), 「노봉 김정에 관한 연구」(2020) 등이 있다. 현재 성천(誠泉)역사문화연구소에 소속되어 있으며 경상북도 문화재위원이다.

경북의 종가문화 65

맑은 바람
온 누리 채우다,

구미 야은 길재 종가

초판 1쇄 2022년 6월 7일
초판 2쇄 2022년 11월 3일

기획 경상북도 · 경북대학교 영남문화연구원
지은이 김무진
펴낸이 홍원화
펴낸 곳 경북대학교출판부
출판등록 1973년 10월 10일 ㉣97호
주소 대구광역시 북구 대학로 80
전화 053-950-3830
팩스 053-953-4692
이메일 press@knu.ac.kr
홈페이지 http://knupress.com

ISBN 978-89-7180-583-1 94900
978-89-7180-582-4 (세트)

정가는 뒤표지에 있습니다. 파본은 바꾸어 드립니다.